最新法律文件解读丛书

刑事法律文件解读

总第 174 辑(2019. 12)

最新法律文件解读丛书编选组　编

人民法院出版社

图书在版编目(CIP)数据

刑事法律文件解读. 总第174辑 / 最新法律文件解读丛书编选组编. --北京:人民法院出版社,2019. 12
(最新法律文件解读丛书)
ISBN 978-7-5109-2731-7

Ⅰ. ①刑… Ⅱ. ①最… Ⅲ. ①刑法-法律解释-中国 ②刑事诉讼法-法律解释-中国 Ⅳ. ①D924.05 ②D925.205

中国版本图书馆CIP数据核字(2019)第278368号

刑事法律文件解读. 总第174辑
最新法律文件解读丛书编选组 编

责任编辑 姜 峤
出版发行 人民法院出版社
地　　址 北京市东城区东交民巷27号 邮编 100745
电　　话 (010)67550573(责任编辑) 67550558(发行部查询)
65223677(读者服务部)
客服QQ 2092078039
网　　址 http://www.courtbook.com.cn
E-mail courtbook@sina.com
印　　刷 三河市国英印务有限公司
经　　销 新华书店
开　　本 787毫米×1092毫米 1/16
字　　数 140千字
印　　张 8
版　　次 2019年12月第1版 2019年12月第1次印刷
书　　号 ISBN 978-7-5109-2731-7
定　　价 22.00元

卷首语

考试是人才选拔的重要途径。保持考场风清气正、维护考试公平，事关社会公平正义，事关社会诚信与和谐稳定。近年来，考试作弊高发多发，特别是利用信息技术手段实施的有组织的考试作弊活动持续蔓延，破坏人才选拔制度，破坏公平竞争，败坏社会风气，危害日益严重。

2019 年 9 月 2 日最高人民法院、最高人民检察院发布《关于办理组织考试作弊等刑事案件适用法律若干问题的解释》（法释〔2019〕13 号，以下简称《解释》），自 2019 年 9 月 4 日起施行。《解释》的公布施行，对于依法严惩考试作弊犯罪，维护公平公正的考试秩序，保障社会诚信体系建设，践行社会主义核心价值观必将发挥重要作用。为便于司法实践中正确理解与适用，我们邀请最高人民法院相关起草人员，阐明了《解释》的制定背景、经过以及起草中的主要考虑，并重点就“法律规定的国家考试”的范围、组织考试作弊罪“情节严重”的认定标准、作弊器材的认定标准与程序、组织考试作弊罪既遂的认定标准、代替考试犯罪的处理规则、单位实施考试作弊犯罪的定罪量刑标准、考试作弊犯罪的罪数处断规则、在法律规定的国家考试以外的其他考试中实施考试作弊犯罪的处理规则等关键内容进行了详细阐释，便于广大读者学习适用。

《最新法律文件解读》丛书
编 辑 部

目　录

[司法解释、司法指导性文件与解读]

最高人民法院　最高人民检察院

关于办理组织考试作弊等刑事案件适用法律若干问题的解释

法释〔2019〕13号

（2019年4月8日最高人民法院审判委员会第1765次会议、2019年6月28日最高人民检察院第十三届检察委员会第二十次会议通过　2019年9月2日最高人民法院、最高人民检察院公告公布　自2019年9月4日起施行）

为依法惩治组织考试作弊、非法出售、提供试题、答案、代替考试等犯罪，维护考试公平与秩序，根据《中华人民共和国刑法》《中华人民共和国刑事诉讼法》的规定，现就办理此类刑事案件适用法律的若干问题解释如下：

第一条　刑法第二百八十四条之一规定的“法律规定的国家考试”，仅限于全国人民代表大会及其常务委员会制定的法律所规定的考试。

根据有关法律规定，下列考试属于“法律规定的国家考试”：

（一）普通高等学校招生考试、研究生招生考试、高等教育自学考试、成人高等学校招生考试等国家教育考试；

（二）中央和地方公务员录用考试；

（三）国家统一法律职业资格考试、国家教师资格考试、注册会计师全国统一考试、会计专业技术资格考试、资产评估师资格考试、医师资格考试、执业药师职业资格考试、注册建筑师考试、建造师执业资格考试等专业技术资格考试；

（四）其他依照法律由中央或者地方主管部门以及行业组织的国家考试。

前款规定的考试涉及的特殊类型招生、特殊技能测试、面试等考试，属于“法律规定的国家考试”。

第二条 在法律规定的国家考试中，组织作弊，具有下列情形之一的，应当认定为刑法第二百八十四条之一第一款规定的“情节严重”：

（一）在普通高等学校招生考试、研究生招生考试、公务员录用考试中组织考试作弊的；

（二）导致考试推迟、取消或者启用备用试题的；

（三）考试工作人员组织考试作弊的；

（四）组织考生跨省、自治区、直辖市作弊的；

（五）多次组织考试作弊的；

（六）组织三十人次以上作弊的；

（七）提供作弊器材五十件以上的；

（八）违法所得三十万元以上的；

（九）其他情节严重的情形。

第三条 具有避开或者突破考场防范作弊的安全管理措施，获取、记录、传递、接收、存储考试试题、答案等功能的程序、工具，以及专门设计用于作弊的程序、工具，应当认定为刑法第二百八十四条之一第二款规定的“作弊器材”。

对于是否属于刑法第二百八十四条之一第二款规定的“作弊器材”难以确定的，依据省级以上公安机关或者考试主管部门出具的报告，结合其他证据作出认定；涉及专用间谍器材、窃听、窃照专用器材、“伪基站”等器材的，依照相关规定作出认定。

第四条 组织考试作弊，在考试开始之前被查获，但已经非法获取考试试题、答案或者具有其他严重扰乱考试秩序情形的，应当认定为组织考试作弊罪既遂。

第五条 为实施考试作弊行为，非法出售或者提供法律规定的国家考试的试题、答案，具有下列情形之一的，应当认定为刑法第二百八十四条之一第三款规定的“情节严重”：

（一）非法出售或者提供普通高等学校招生考试、研究生招生考试、公务员录用考试的试题、答案的；

（二）导致考试推迟、取消或者启用备用试题的；

（三）考试工作人员非法出售或者提供试题、答案的；

（四）多次非法出售或者提供试题、答案的；

（五）向三十人次以上非法出售或者提供试题、答案的；

（六）违法所得三十万元以上的；

（七）其他情节严重的情形。

第六条 为实施考试作弊行为，向他人非法出售或者提供法律规定的国家考试的试题、答案，试题不完整或者答案与标准答案不完全一致的，不影响非法出售、提供试题、答案罪的认定。

第七条 代替他人或者让他人代替自己参加法律规定的国家考试的，应当依照刑法第二百八十四条之一第四款的规定，以代替考试罪定罪处罚。

对于行为人犯罪情节较轻，确有悔罪表现，综合考虑行为人替考情况以及考试类型等因素，认为符合缓刑适用条件的，可以宣告缓刑；犯罪情节轻微的，可以不起诉或者免予刑事处罚；情节显著轻微危害不大的，不以犯罪论处。

第八条 单位实施组织考试作弊、非法出售、提供试题、答案等行为的，依照本解释规定的相应定罪量刑标准，追究组织者、策划者、实施者的刑事责任。

第九条 以窃取、刺探、收买方法非法获取法律规定的国家考试的试题、答案，又组织考试作弊或者非法出售、提供试题、答案，分别符合刑法第二百八十二条和刑法第二百八十四条之一规定的，以非法获取国家秘密罪和组织考试作弊罪或者非法出售、提供试题、答案罪数罪并罚。

第十条 在法律规定的国家考试以外的其他考试中，组织作弊，为他人组织作弊提供作弊器材或者其他帮助，或者非法出售、提供试题、答案，符合非法获取国家秘密罪、非法生产、销售窃听、窃照专用器材罪、非法使用窃听、窃照专用器材罪、非法利用信息网络罪、扰乱无线电通讯管理秩序罪等犯罪构成要件的，依法追究刑事责任。

第十一条 设立用于实施考试作弊的网站、通讯群组或者发布有关考试作弊的信息，情节严重的，应当依照刑法第二百八十七条之一的规定，以非法利用信息网络罪定罪处罚；同时构成组织考试作弊罪、非法出售、提供试题、答案罪、非法获取国家秘密罪等其他犯罪的，依照处罚较重的规定定罪处罚。

第十二条 对于实施本解释规定的犯罪被判处刑罚的，可以根据犯罪情况和预防再犯罪的需要，依法宣告职业禁止；被判处管制、宣告缓刑的，可以根据犯罪情况，依法宣告禁止令。

第十三条 对于实施本解释规定的行为构成犯罪的，应当综合考虑犯罪的危害程度、违法所得数额以及被告人的前科情况、认罪悔罪态度等，依法判处罚金。

第十四条 本解释自2019年9月4日起施行。

解读——

《关于办理组织考试作弊等刑事案件适用法律若干问题的解释》

周加海　王庆刚　喻海松*

日前，最高人民法院、最高人民检察院发布《关于办理组织考试作弊等刑事案件适用法律若干问题的解释》（法释〔2019〕13号，以下简称《解释》），自2019年9月4日起施行。《解释》的公布施行，对于依法严惩考试作弊犯罪，维护公平公正的考试秩序，保障社会诚信体系建设，践行社会主义核心价值观必将发挥重要作用。为便于司法实践中正确理解与适用，现就《解

* 作者单位：最高人民法院。

释》的制定背景、起草中的主要考虑和主要内容介绍如下。

一、《解释》的制定背景与经过

考试是人才选拔的重要途径。保持考场风清气正、维护考试公平，事关社会公平正义，事关社会诚信与和谐稳定。考试作弊破坏考试制度和人才选拔机制，破坏公平竞争，败坏社会风气，具有严重的社会危害性。近年来，考试作弊行为多发，特别是利用信息技术手段实施的考试作弊活动迅速蔓延，形成了相互依赖、分工严密的利益链条，危害日益严重。为严厉惩治考试作弊犯罪，有效维护考试公平与秩序，2015 年 11 月 1 日起施行的刑法修正案（九）增设刑法第二百八十四条之一，规定了组织考试作弊罪、非法出售、提供试题、答案罪和代替考试罪。刑法修正案（九）施行以来，各级考试主管部门和公检法机关依据修改后的刑法规定，严肃惩处考试作弊犯罪。截至 2019 年 7 月，全国法院审理考试作弊刑事案件 1734 件，判决 3724 人。其中，组织考试作弊刑事案件 951 件、2251 人，非法出售、提供试题、答案刑事案件 117 件、205 人，代替考试刑事案件 666 件、1268 人。

与此同时，司法实践反映，组织考试作弊罪、非法出售、提供试题、答案罪和代替考试罪的具体定罪量刑标准尚不明确，一些法律适用问题存在争议，亟须通过司法解释作出规定。为确保法律准确、统一适用，依法严惩、有效防范考试作弊犯罪，最高人民法院会同最高人民检察院，在教育部、公安部、人力资源和社会保障部等有关部门的大力支持下，经深入调查研究、广泛征求意见，起草了《解释》。2019 年 4 月 8 日最高人民法院审判委员会第 1765 次会议、2019 年 6 月 28 日最高人民检察院第十三届检察委员会第二十次会议审议通过了《解释》。

二、《解释》起草中的主要考虑

为确保《解释》的内容科学合理，能够适应形势发展、满足实践需要，在起草过程中，着重注意把握了以下几点：

第一，贯彻刑法修改精神，依法严惩考试作弊犯罪。基于当前考试作弊犯罪高发多发的态势，根据修法精神，《解释》明确对法律规定的国家考试适用组织考试作弊罪、非法出售、提供试题、答案罪和代替考试罪，对法律规定的国家考试以外的其他考试可以视情适用非法获取国家秘密罪、非法生产、销售窃听、窃照专用器材罪、非法使用窃听、窃照专用器材罪、非法利用信息网络罪、扰乱无线电通讯管理秩序罪等其他犯罪，彰显对考试作弊犯罪的严惩立场，实现对考试公平和秩序刑法保护的“全覆盖”。

第二，坚持宽严相济刑事政策，最大限度发挥刑法的威慑和教育功能。《解释》根据实践情况，对组织考试作弊罪和非法出售、提供试题、答案罪规定了相对较低的升档量刑标准，体现了依法从严的政策要求。同时，针对实践中代替考试情形较为复杂的现实情况，对代替考试从宽处理的情形作了明确，以促使行为人积极认罪悔罪，充分发挥刑法的威慑和教育功能。

第三，坚持问题导向，全面解决司法实务难题。从调研情况来看，对考试作弊犯罪尚存在不少争议问题，亟需通过司法解释加以明确。例如，“法律规定的国家考试”的内涵与外延，组织考试作弊罪既遂的认定，非法出售、提供试题、答案罪涉及的试题不完整或者答案与标准答案不一致的处理，考试作弊犯罪的罪数处断规则，等等。基于此，《解释》相关条文根据司法实践具体情况，全面解决办案实际中的难题，切实提升打击实效。

三、《解释》的主要内容

《解释》结合当前考试作弊犯罪的特点和司法实践反映的问题，依照刑法、刑事诉讼法的规定，对考试作弊犯罪的定罪量刑标准和相关法律适用问题作了全面、系统的规定。《解释》共十四个条文，大致可以归纳为如下十个方面的问题：

（一）“法律规定的国家考试”的范围

根据刑法第二百八十四条之一的规定，组织考试作弊罪、非法出售、提供试题、答案罪和代替考试罪的适用范围是“法律规定的国家考试”。在刑法修正案（九）（草案）研拟和审议过程中，曾采用过“依照国家规定举办的考试”“依照国家规定举办的考试或者国务院有关主管机关举办的考试”“国家规定的考试”等表述，最终的表述为“法律规定的国家考试”。据此，刑法第二百八十四条之一只适用于在法律规定的国家考试中发生的考试作弊犯罪，对于在其他考试中作弊的行为，不以组织考试作弊罪、非法出售、提供试题、答案罪论处。因此，明确“法律规定的国家考试”的范围，是确保刑法第二百八十四条之一准确适用的前提和基础，也是考试作弊犯罪司法适用亟须解决的核心问题。为统一司法适用，《解释》第一条对“法律规定的国家考试”的内涵与外延作了明确。

1.“法律规定的国家考试”的内涵与外延。《解释》第一条第一款对“法律规定的国家考试”作了概括规定，即“刑法第二百八十四条之一规定的‘法律规定的国家考试’，仅限于全国人民代表大会及其常务委员会制定的法律所规定的考试。”需要注意的问题有二：一是“法律规定的国家考试”限于法律有规定的考试。目前，许多领域都存在国家考试，且分属不同部门主管，大致可分为教育类考试、资格类考试、职称类考试、录用任用考试四大类，共计200多种。经梳理，目前二十余部法律对“法律规定的国家考试”作了规定，包括教育法、高等教育法、公务员法、法官法、检察官法、警察法、教师法、执业医师法、注册会计师法、道路交通安全法、海关法、动物防疫法、旅游法、证券投资基金法、统计法、公证法等。其他考试，如护士执业资格考试，只有《护士条例》对此有规定，缺乏法律规定，不属于“法律规定的国家考试”。二是“法律规定的国家考试”不限于由中央有关主管部门依照法律统一组织的全国性考试，也包括地方主管部门依照法律规定组织的考试。例如，公务员法第二十四条规定：“中央机关及其直属机构公务员的录用，由中央公务员主管部门负责组织。地方各级机关公务员的录用，由省级公务员主管部门负责组织，必要时省级公务员主管部门可以授权设区的市级公务员主管部门组织。”再如，普通高等学校招生考试既有全国统一考试，也有省（区、市）组织的考试。

《解释》第一条第二款对“法律规定的国家考试”的外延作了例举。具体而言，根据有关法律规定，下列考试属于“法律规定的国家考试”：(1) 普通高等学校招生考试、研究生招生考试、高等教育自学考试、成人高等学校招生考试等国家教育考试；(2) 中央和地方公务员录用考试；(3) 国家统一法律职业资格考试、国家教师资格考试、注册会计师全国统一考试、会计专业技术资格考试、资产评估师资格考试、医师资格考试、执业药师职业资格考试、注册建筑师考试、建造师执业资格考试等专业技术资格考试；(4) 其他依照法律由中央或者地方主管部门以及行业组织的国家考试。需要注意的是，随着法律的修改，“法律规定的国家考试”的范围也可能发生变化，特别是一些国家考试可能会在法律中增设或者调整，对此司法机关应当根据法律的具体规定准确把握。

《解释》第一条第三款进一步规定：“前款规定的考试涉及的特殊类型招生、特殊技能测试、面试等考试，属于‘法律规定的国家考试’。”而《普通高等学校招生违规行为处理暂行办法》（教育部令第36号）第十八条规定：“本办法所称特殊类型招生，是指自主选拔录取、艺术类专业、体育类专业、保送生等类型的高校招生。”因此，普通高等学校招生考试中的自主选拔录取、艺术类专业、体育类专业、保送生等类型的高校招生考试，以及相关招生、公务员录用、专业技术资格等考试涉及的特殊技能测试、面试等考试，均属于“法律规定的国家考试”。

2. “法律规定的国家考试”范围涉及的实务争议。从实践来看，以下几个涉及“法律规定的国家考试”范围的问题须作进一步厘清，以解决司法适用中的争议：

其一，如何理解教育法第二十一条的规定？教育法第二十一条规定：“国家实行国家教育考试制度。”“国家教育考试由国务院教育行政部门确定种类，并由国家批准的实施教育考试的机构承办。”经研究认为，不宜依据教育法第二十一条的笼统规定认定只要是教育部组织的考试均属于“法律规定的国家考试”，而应限于法律有相对明确具体规定的考试，否则恐会导致“法律规定的国家考试”范围过于宽泛。例如，高等教育自学考试属于“法律规定的国家考试”，其依据在于高等教育法第二十一条明确规定：“国家实行高等教育自学考试制度，经考试合格的，发给相应的学历证书或者其他学业证书”；而大学英语四、六级考试虽然由教育部组织实施，但相关法律未作明确规定，故不宜纳入“国家规定的考试”范畴。对此，《国家教育考试违规处理办法》（教育部第18号令）第二条明确规定：“本办法所称国家教育考试是指普通和成人高等学校招生考试、全国硕士研究生招生考试、高等教育自学考试等，由国务院教育行政部门确定实施，由经批准的实施教育考试的机构承办，面向社会公开、统一举行，其结果作为招收学历教育学生或者取得国家承认学历、学位证书依据的测试活动。”据此，目前看来，属于“法律规定的国家考试”的国家教育考试主要是指普通高等学校招生考试、研究生招生考试、高等教育自学考试、成人高等学校招生考试等四种考试。

其二，建筑法第十四条是否属于“法律规定”？建筑法第十四条规定：“从事建筑活动的专业技术人员，应当依法取得相应的执业资格证书，并在执业资格证书许可的范围内从事建筑活动。”经研究认为，上述规定虽未出现“考试”表述，但执业资格证书主要通过考试取得，且《注册建筑师条例》（国务院令第184号）第七条进一步规定：“国家实行注册建筑师全国统一考试制度。注册建筑师全国统一考试办法，由国务院建设行政主管部门会同国务院人事行政主管部门商国务院其他有关行政主管部门共同制定，由全国注册建筑师管理委员会组织实施。”《注册建造师管理规定》（建设部令第153号）第三条第一款规定：“本规定所称注册建造师，是指通过考核认定或考试合格取得中华人民共和国建造师资格证书，并按照本规定注册，取得中华人民共和国建造师注册证书和执业印章，担任施工单位项目负责人及从事相关活动的专业技术人员。”因此，注册建筑师考试、建造师执业资格考试均属于“法律规定的国家考试”。

又如，药品管理法第二十二条规定：“医疗机构必须配备依法经过资格认定的药学技术人员。非药学技术人员不得直接从事药剂技术工作。”《执业药师资格制度暂行规定》（人发〔1999〕34号）第二条规定：“国家实行执业药师资格制度，纳入全国专业技术人员执业资格制度统一规划的范围。”第六条规定：“执业药师资格实行全国统一大纲、统一命题、统一组织的考试制度。一般每年举行一次。”同理，执业药师执业资格考试也属于“法律规定的国家考试”。

其三，职业教育法第八条、特别是劳动法第六十九条是否属于“法律规定”？职业教育法第八条第一款规定：“实施职业教育应当根据实际需要，同国家制定的职业分类和职业等级标准相适应，实行学历证书、培训证书和职业资格证书制度。”劳动法第六十九条规定：“国家确定职业分类，对规定的职业制定职业技能标准，实行职业资格证书制度，由经备案的考核鉴定机构负责对劳动者实施职业技能考核鉴定。”经研究认为，上述规定过于原则，且相关考核不能等同于考试，故不宜成为认定资格类考试属于“法律规定的国家考试”的依据，而应看各类资格类考试有无法律的具体规定。

又如，行政许可法第五十四条第一款规定：“实施本法第十二条第三项所列事项的行政许可，赋予公民特定资格，依法应当举行国家考试的，行政机关根据考试成绩和其他法定条件作出行政许可决定……”该法第十二条第三项事项为“提供公众服务并且直接关系公共利益的职业、行业，需要确定具备特殊信誉、特殊条件或者特殊技能等资格、资质的事项”。同理，行政许可法第五十四条也不能直接成为“法律规定的国家考试”的认定依据。

（二）组织考试作弊罪“情节严重”的认定标准

根据刑法第二百八十四条之一第一款、第二款的规定，在法律规定的国家考试中，组织作弊或者为他人实施组织作弊犯罪提供作弊器材或其他帮助的，即构成组织考试作弊罪，处三年以下有期徒刑或者拘役，并处或者单处罚金；情节严重的，处三年以上七年以下有期徒刑，并处罚金。对于组织作弊罪“情节严重”这一概括升档量刑情节，宜根据司法实践的情况从犯罪的客体、客观方面、主体、主观方面等多个角度加以考察。经充分调研，《解释》第二条从六个方面规定了“情节严重”的认定标准：一是考试类型。普通高等学校招生考试、研究生招生考试、公务员录用考试社会关注度高、影响大、涉及面广。基于此，《解释》将在此类考试中组织作弊的直接规定为“情节严重”。二是行为后果。《解释》将导致考试推迟、取消或者启用备用试题的明确规定为“情节严重”。三是行为主体。考试工作人员违背所承担的职责组织考试作弊，主观恶性更大，故《解释》将其规定为“情节严重”。关于“考试工作人员”的范围，具体适用中可以理解为参与考试管理和服务工作的人员，包括命（审）题（卷）、监考、主考、巡考、考试系统操作、评卷等人员。四是地域范围。组织考生跨省、自治区、直辖市作弊的，危害十分严重，故《解释》将其规定为“情节严重”。五是数量标准。《解释》将多次组织考试作弊，组织三十人次以上作弊，以及提供作弊器材五十件以上的规定为“情节严重”。六是违法所得。从司法实践来看，根据所涉考试的不同，组织考试作弊或者提供作弊器材等帮助的违法所得数额相差较大。基于严厉惩治组织考试作弊犯罪的考虑，《解释》将违法所得三十万元以上的规定为“情节严重”。

顺带提及的是，对于“组织作弊”的认定，应当根据案件具体情况加以把握。一般而言，领导、策划、指挥他人在法律规定的国家考试中实施下列行为之一的，可以认定为刑法第二百八十四条之一规定的“组织作弊”：（一）向他人提供试题、答案的；（二）代替他人参加考试的；（三）携带与考试内容相关的资料、作弊器材的；（四）篡改考试成绩的；（五）其他组织作弊的情形。需要注意的是，刑法第二百八十四条之一第三款规定了非法出售、提供试题、答案罪，第四款规定了代替考试罪，但是在组织考试作弊中提供试题、答案或者代替他人参考考试的，该行为应当视为组织考试作弊的有机组成部分，不应再单独评价。

（三）作弊器材的认定标准与程序

根据刑法第二百八十四条之一第二款的规定，组织考试作弊罪涉及为他人实施组织作弊犯罪提供作弊器材或者其他帮助的情形。基于此，《解释》第三条第一款对“作弊器材”的认定标准作了明确。具体而言，从功能上将“作弊器材”限定为具有避开或者突破考场防范作弊的安全管理措施（如纽扣式数码相机、眼镜式密拍设备通过伪装，以规避考场检查），并具有获取、记录、传递、接收、存储试题、答案等功能（如密拍设备、数据接收设备可以发送、接收相关信息）。据此，对于普通的手机、相机，不宜认定为“作弊器材”。此外，随着技术发展，未来有可能出现新型作弊器材。例如，在机动车驾驶员考试中，目前实行电子路考，即摒弃原先的考试员监考评分，取而代之的是电脑监控评判，进行扣分等工作。如果研制相关作弊程序，从而控制电子路考设备，使其失去相应功能，无法进行扣分的，也应当认定为“作弊器材”。基于此，从主观动机角度，将“专门设计用于作弊的程序、工具”也规定为“作弊器材”的情形。

《解释》第三条第二款明确了作弊器材的认定程序，规定：“对于是否属于刑法第二百八十四条之一第二款规定的‘作弊器材’难以确定的，依据省级以上公安机关或者考试主管部门出具的报告，结合其他证据作出认定；涉及专用间谍器材、窃听、窃照专用器材、‘伪基站’等器材的，依照相关规定作出认定。”据此，需要注意的是，有些考试作弊器材可能属于专用间谍器材、窃听、窃照专用器材、“伪基站”等器材，应当根据相关规定作出认定，如

《反间谍法实施细则》第十八条第二款规定:“专用间谍器材的确认,由国务院国家安全主管部门负责”,《禁止非法生产销售使用窃听窃照专用器材和“伪基站”设备的规定》规定:“公安机关负责对窃听窃照专用器材……的认定工作”,《最高人民法院、最高人民检察院关于办理扰乱无线电通讯管理秩序等刑事案件适用法律若干问题的解释》(法释〔2017〕11号)第九条第一款规定:“对案件所涉的有关专门性问题难以确定的,依据司法鉴定机构出具的鉴定意见,或者下列机构出具的报告,结合其他证据作出认定:(一)省级以上无线电管理机构、省级无线电管理机构依法设立的派出机构、地市级以上广播电视主管部门就是否系‘伪基站’‘黑广播’出具的报告……”

顺带提及的是,对于刑法第二百八十四条之一第二款规定的为他人实施组织作弊犯罪提供的“其他帮助”,应当根据案件的具体情况加以把握。从实践来看,为他人组织作弊犯罪实施的下列帮助行为可以认定为“其他帮助”:(1)帮助安排作弊考点、考场或者考位的;(2)帮助控制考场视频监控系统和无线通讯信号屏蔽系统的;(3)帮助传递考试试题、答案、作弊器材或者通讯设备的;(4)帮助违规招录监考人员的;(5)帮助更换答题卡的;(6)其他为实施组织考试作弊犯罪提供帮助的行为。

(四)组织考试作弊罪既遂的认定标准

从实践来看,组织考试作弊的案件不少在考试开始之前即被查处,此种情形之下组织考试作弊的目的未能实现,究竟应当认定为犯罪既遂还是未遂,实践中存在不同认识。经研究认为,组织考试作弊罪的构成要件行为是组织作弊以及为他人实施组织作弊犯罪提供作弊器材或者其他帮助,而作弊目的是否实现不应当影响犯罪既遂的成立。基于严厉惩治组织考试作弊犯罪的考虑,《解释》第四条规定:“组织考试作弊,在考试开始之前被查获,但已经非法获取考试试题、答案或者具有其他严重扰乱考试秩序情形的,应当认定为组织考试作弊罪既遂。”需要注意的是,对于组织考试作弊,在考试开始之前被查获,未达到犯罪既遂的,可以以组织考试作弊罪(未遂)定罪处罚;情节严重的,在相应的法定刑幅度内,结合未遂犯的处罚原则量刑。

(五)非法出售、提供试题、答案罪“情节严重”的认定标准

根据刑法第二百八十四条之一第一款、第三款的规定,为实施考试作弊行

为，向他人非法出售或者提供法律规定的国家考试的试题、答案的，即构成非法出售、提供试题、答案罪，处三年以下有期徒刑或者拘役，并处或者单处罚金；情节严重的，处三年以上七年以下有期徒刑，并处罚金。根据法律规定，结合司法实践，《解释》第五条对非法出售、提供试题、答案罪"情节严重"的认定标准作了明确规定，大致涉及如下五个方面：一是考试类型。《解释》将非法出售或者提供普通高等学校招生考试、研究生招生考试、公务员录用考试的试题、答案的行为直接规定为"情节严重"。二是行为后果。《解释》将导致考试推迟、取消或者启用备用试题的明确规定为"情节严重"。三是行为主体。《解释》将考试工作人员非法出售或者提供试题、答案的行为规定为"情节严重"。四是数量标准。《解释》将多次非法出售或者提供试题、答案，向三十人次以上非法出售或者提供试题、答案的规定为"情节严重"。五是违法所得。《解释》将违法所得三十万元以上的规定为"情节严重"。

此外，由于各种原因，不少非法出售、提供试题、答案的案件，存在涉案试题不完整或者答案与标准答案不完全一致的情况，甚至可能出现行为人由于认识错误出售、提供完全错误的试题、答案的情况。为统一法律适用，《解释》第六条明确了非法出售、提供试题、答案罪涉及的试题不完整或者答案与标准答案不完全一致的处理规则，规定："为实施考试作弊行为，向他人非法出售或者提供法律规定的国家考试的试题、答案，试题不完整或者答案与标准答案不完全一致的，不影响非法出售、提供试题、答案罪的认定。"当然，如果试题本身错误或者答案与标准答案完全或者较大程度不一致的，不能认定为非法出售、提供试题、答案罪；符合诈骗罪等其他犯罪的，可以适用相应罪名。

（六）代替考试犯罪的处理规则

根据刑法第二百八十四条之一第四款的规定，代替他人或者让他人代替自己参加法律规定的国家考试的，构成代替考试罪，处拘役或者管制，并处或者单处罚金。为充分发挥刑法的威慑和教育功能，《解释》第七条第一款重申了在法律规定的国家考试中代替考试构成犯罪的规定，明确："代替他人或者让他人代替自己参加法律规定的国家考试的，应当依照刑法第二百八十四条之一第四款的规定，以代替考试罪定罪处罚。"

考虑到实践中替考的情况、情节存在差异，所涉考试的类型有所不同，不区分情形一律定罪处罚过于严苛。因此，根据宽严相济刑事政策的要求，《解释》第七条第二款规定：“对于行为人犯罪情节较轻，确有悔罪表现，综合考虑行为人替考情况以及考试类型等因素，认为符合缓刑适用条件的，可以宣告缓刑；犯罪情节轻微的，可以不起诉或者免予刑事处罚；情节显著轻微危害不大的，不以犯罪论处。”

（七）单位实施考试作弊犯罪的定罪量刑标准

根据刑法第二百八十四条之一的规定，组织考试作弊罪、非法出售、提供试题、答案罪和代替考试罪均非单位犯罪。但是，司法实践中，存在单位实施考试作弊犯罪，特别是组织考试作弊犯罪的情形。鉴此，《解释》第八条规定：“单位实施组织考试作弊、非法出售、提供试题、答案等行为的，依照本解释规定的相应定罪量刑标准，追究组织者、策划者、实施者的刑事责任。”

（八）考试作弊犯罪的罪数处断规则

司法实践中，往往存在行为人非法获取试题、答案，而后组织考试作弊或者向他人非法出售、提供试题、答案的情形，是否应当数罪并罚，存在不同认识。经研究认为，此种情形实际上是数个行为触犯数个罪名，应当予以数罪并罚，以体现对此类行为的严惩立场。基于此，《解释》第九条规定：“以窃取、刺探、收买方法非法获取法律规定的国家考试的试题、答案，又组织考试作弊或者非法出售、提供试题、答案，分别符合刑法第二百八十二条和刑法第二百八十四条之一规定的，以非法获取国家秘密罪和组织考试作弊罪或者非法出售、提供试题、答案罪数罪并罚。”

此外，根据刑法第二百八十七条之一第一款的规定，设立用于实施违法犯罪活动的网站、通讯群组或者发布有关违法犯罪信息，情节严重的，构成非法利用信息网络罪。在法律规定的国家考试以外的其他考试中组织作弊，为他人组织作弊提供作弊器材或者其他帮助，或者出售、提供试题、答案，不构成组织考试作弊罪、非法提供试题、答案罪，也可能不构成非法获取国家秘密罪等其他犯罪。此种情形下，如果设立用于实施考试作弊的网站、通讯群组或者发布有关考试作弊的信息的，可以视情适用非法利用信息网络罪。基于此，根据考试作弊犯罪的具体情况，《解释》第十一条规定：“设立用于实施考试作弊的网站、通讯群组或者发布有关考试作弊的信息，情节严重的，应当依照刑法第二百八十七条之一的规定，以非法利用信息网络罪定罪处罚；同时构成组织考试作弊罪、非法出售、提供试题、答案罪、非法获取国家秘密罪等其他犯罪的，依照处罚较重的规定定罪处罚。”

（九）在法律规定的国家考试以外的其他考试中实施考试作弊犯罪的处理规则

根据刑法第二百八十四条之一的规定，组织考试作弊罪、非法出售、提供试题、答案罪和代替考试罪的适用范围限于“法律规定的国家考试”，但这并非意味着对在其他考试中作弊的行为一律不予刑事追究。为统一法律适用，《解释》第十条规定：“在法律规定的国家考试以外的其他考试中，组织作弊，为他人组织作弊提供作弊器材或者其他帮助，或者非法出售、提供试题、答案，符合非法获取国家秘密罪、非法生产、销售窃听、窃照专用器材罪、非法使用窃听、窃照专用器材罪、非法利用信息网络罪、扰乱无线电通讯管理秩序罪等犯罪构成要件的，依法追究刑事责任。”

顺带提及的是，司法实践中，不少组织考试作弊行为被以非法获取国家秘密罪等涉密犯罪追究刑事责任。在考试开始前，相关试题、答案属于国家秘密，对此不存在疑义。司法适用中，对于法律规定的国家考试以外的考试而言，相关试题依照有关规定被认定为国家秘密的，考前作弊（即行为人在考前通过盗窃试卷、贿买特定知悉人员等方式非法获取考试试题、参考答案、评分标准等，而后实施组织考试作弊行为）可以适用侵犯国家秘密类犯罪。具体而言，可能同时构成非法获取国家秘密罪、故意泄露国家秘密罪等罪名，应当根据牵连犯的处断原则，择一重罪处断。

但是，考试开始后结束前，相关试题是否仍属于国家秘密，则存在不同认识：相关考试主管部门和公安机关通常认为属于国家秘密，应当适用非法获取国家秘密罪等涉密犯罪；但是，也有意见持相反观点，认为开考后对相关试题的管理难以达到相关保密要求，认定为国家秘密值得商榷，故不宜适用非法获取国家秘密罪等涉密犯罪。经研究认为，此种情形下，考中作弊（即行为人通过雇佣“枪手”进入考场，将试题非法发送给场外人员，进而作弊的行为）能否认定为侵犯国家秘密类犯罪，则取决于依照相关规定能否将开考后、结束前的试题认定为国家秘密。对此，有些考试主管部门明确规定相关试题在开考后、结束前仍然属于国家秘密。例如，2012年9月28日人力资源和社会保障部人事考试中心《关于对〈人事工作中国家秘密及其密级具体范围的补充规定〉中"启用前"一词解释的通知》明确："'启用'一词包含'启封'和'使用完毕'两层涵义。'启用前'即'启封并使用完毕前'，特指应试人员按规定结束考试离开考场之前的时间段。"按照这一规定，非法获取相关考试从命题到考试结束之前的试题、答案的行为，都属于侵害国家秘密的行为，可以视情适用非法获取国家秘密罪等侵犯国家秘密类犯罪。稳妥起见，司法机关在办案过程中宜仔细查阅相关规定，商请有关考试主管部门对相关考试试题在开考后、结束前是否属于国家秘密出具认定意见。

（十）考试作弊犯罪的职业禁止、禁止令和罚金刑适用规则

从实践来看，考试作弊犯罪相当程度存在再犯现象，不少罪犯"重操旧业"，故《解释》第十二条专门明确可以依法宣告职业禁止和禁止令，规定："对于实施本解释规定的犯罪被判处刑罚的，可以根据犯罪情况和预防再犯罪的需要，依法宣告职业禁止；被判处管制、宣告缓刑的，可以根据犯罪情况，依法宣告禁止令。"

此外，考试作弊犯罪具有明显的牟利性，行为人实施该类犯罪主要是为了牟取非法利益。因此，有必要加大财产刑的适用力度，让行为人在经济上得不偿失，进而剥夺其再次实施此类犯罪的经济能力。基于此，《解释》第十三条规定："对于实施本解释规定的行为构成犯罪的，应当综合考虑犯罪的危害程度、违法所得数额以及被告人的前科情况、认罪悔罪态度等，依法判处罚金。"

最高人民法院发布考试作弊犯罪典型案例

（2019 年 9 月 3 日）

目　录

一、章无涯、吕世龙、张夏阳等组织考试作弊案

在研究生招生考试中组织作弊，构成组织考试作弊罪“情节严重”

（一）基本案情

被告人章无涯设计以无线电设备传输考试答案的方式，在 2017 年研究生招生考试管理类专业学位联考中组织作弊，并以承诺保过的方式发展生源。被告人吕世龙通过被告人张夏阳、被告人张宗群通过被告人李倩，与章无涯建立联系，吕世龙、张夏阳、张宗群为章无涯招募考生，并从中获取收益。章无涯与张夏阳、吕世龙约定每名考生向章无涯支付 2 万元，考前支付 1 万元，通过考试后再支付 1 万元，组织 18 名考生参加考试作弊，吕世龙向张夏阳支付培训费 18 万元；章无涯承诺张宗群的考生通过全科考试，并可以达到国家 A 线，

相关考生10人，每人2.6万元，每人预付款1万元，张宗群共支付章无涯预付款10万元。

章无涯购买信号发射器、信号接收器等作弊器材，张宗群、吕世龙、张夏阳将信号接收器分发给考生，并以模拟考试等方式配合章无涯组织考生试验作弊器材；章无涯让李倩找人帮忙做答案，在考场附近酒店登记房间，安装并连接笔记本电脑、手机、信号发射器等作弊器材，并指导李倩和被告人章峰通过电脑发送答案。2016年12月24日上午，章无涯、吕世龙、张夏阳、张宗群、李倩、章峰组织33名考生在2017年全国硕士研究生招生考试管理类专业学位联考综合能力考试中作弊，章无涯、李倩、章峰在不同酒店为在三个考点参与作弊的考生发送答案。

（二）裁判结果

北京市海淀区人民法院一审判决、北京市第一中级人民法院二审裁定认为：研究生招生考试社会关注度高、影响大、涉及面广，属于国家级重要考试。被告人章无涯、吕世龙、张夏阳等在研究生招生考试中，组织多名考生作弊，构成组织考试作弊罪，且属“情节严重”。被告人章无涯、吕世龙、张夏阳、张宗群在共同犯罪中起主要作用，系主犯；被告人李倩、章峰在共同犯罪中起辅助作用，系从犯。综合考虑各被告人组织考生的数量、参与犯罪的程度、以及坦白、认罪悔罪等情节，分别以组织考试作弊罪判处被告人章无涯有期徒刑四年，并处罚金人民币四万元；被告人吕世龙、张夏阳有期徒刑三年，并处罚金人民币三万元；被告人张宗群有期徒刑二年十个月，并处罚金人民币三万元；被告人李倩有期徒刑一年十个月，并处罚金人民币二万元；被告人章峰有期徒刑一年八个月，并处罚金人民币一万元。

二、杜金波、马维圆组织考试作弊案

在公务员录用考试中组织作弊，构成组织考试作弊罪“情节严重”

（一）基本案情

被告人杜金波、马维圆预谋后，组织参加云南省2017年度公务员录用考试的考生作弊。杜金波向考生提供接收器、耳机等作弊器材，共收取1.3万元定金，口头约定考试通过后每名考生支付6万元至8万元不等的费用。马维圆向考生提供了接收器、耳机等作弊器材，共收取0.9万元定金，书面约定考试通过后每名考生支付6万元的费用。2017年4月21日下午，杜金波、马维圆对考生进行作弊器材的测试和运用培训。次日8时许，杜金波、马维圆安装发射器，准备通过语音传输方式向考生提供答案，9时许，考生携带接收器、耳机参加考试被查获。

（二）裁判结果

云南省曲靖市麒麟区人民法院一审判决、曲靖市中级人民法院二审判决认为：被告人杜金波、马维圆出于牟利的目的，利用作弊器材组织多人在公务员录用考试中作弊，构成组织考试作弊罪，且属“情节严重”。在共同犯罪中，杜金波是犯意提起者、作弊器材提供者、行为指挥和实施者，起主要作用，是主犯；马维圆是行为参与者，起次要作用，是从犯。综合考虑被告人的累犯、认罪、退赃等情节，以组织考试作弊罪判处被告人杜金波有期徒刑三年六个月，并处罚金人民币二万元；被告人马维圆有期徒刑一年，并处罚金人民币一万元。

三、段超、李忠诚等组织考试作弊案

在法律规定的国家考试中组织三十人次以上作弊或者违法所得三十万元以上，构成组织考试作弊罪“情节严重”

（一）基本案情

2016年执业药师职业资格考试前，被告人段超与被告人李忠诚共谋组织作弊，并分工合作。考试前由段超负责购买考试作弊器材（包括TK设备、无线耳机、无线接收器等）、考试答案，联系部分考生，发放作弊器材。段超亲自或通过李忠诚和被告人文贵洪联系了40多名作弊考生，预收了部分定金。李忠诚负责联系考生、发放作弊器材、为作弊考生传递答案。李忠诚共联系了30多名作弊考生，其中有10多名考生是李忠诚和段超的共有考生，共收取考生费用约10万元。被告人马斌帮助李忠诚架设考试作弊器材、收取作弊费用。被告人文贵洪帮助段超联系了12名考生，收取考生费用40余万元，交给段超

9万余元。被告人杜永强、杨航帮助段超联系了40多名学生为作弊考生读答案，并由杜永强建立QQ群用于作弊。被告人刘姝帮助段超给作弊考生发放作弊器材、测试收听效果，收取考生作弊费用1.8万元。被告人万俊提供账户给段超用于收取部分考生作弊费用，至案发共收到32万余元。

2016年10月15、16日，在执业药师职业资格考试时，段超将获得的答案发到杜永强建的QQ群，并安排李忠诚、马斌在考场附近架设作弊的TK设备，由李忠诚读答案通过作弊器材将答案传送给考场内的考生，马斌负责望风。此外，杜永强、杨航联系的学生通过手机一对一给在其他多个考场内的考生读答案。

（二）裁判结果

四川省资阳市雁江区人民法院一审判决、资阳市中级人民法院二审判决认为：被告人段超、李忠诚在法律规定的国家考试中组织作弊，被告人马斌、文贵洪、杜永强、杨航、万俊、刘姝为段超、李忠诚组织考试作弊提供帮助，其行为均已构成组织考试作弊罪，考虑本案的组织人次、违法所得数额等情节，应当认定为“情节严重”。在共同犯罪中，段超、李忠诚起主要作用，是主犯；马斌、文贵洪、杜永强、杨航、万俊、刘姝起次要作用，是从犯。综合考虑被告人坦白等情节，以组织考试作弊罪判处被告人段超有期徒刑三年六个月，并处罚金人民币二万元；被告人李忠诚有期徒刑三年三个月，并处罚金人民币二万元；其他各被告人有期徒刑三年至六个月不等，依法宣告缓刑，并处罚金人民币一万元至五千元不等。

四、李志刚非法出售答案案

非法出售法律规定的国家考试的答案，构成非法出售答案罪

（一）基本案情

被告人李志刚联系考生推销作弊手段，并通过网络购买2016年医师资格考试答案。李志刚与考生彭某签订协议，约定帮助彭某利用作弊的方式通过考试后，由彭某支付其4万元报酬，并先行收取0.4万元。2016年9月24日10时许，李志刚获取通过网络购买的考试答案后，利用无线电设备向参加医师资

格考试的考生彭某发送考试答案，并通过手机微信向有购买意向的20名考生发送考试答案，被当场抓获。经比对，李志刚提供给考生用于作弊的考试答案正确率分别为75%和71.9%。

（二）裁判结果

安徽省滁州市琅琊区人民法院判决认为：被告人李志刚为实施考试作弊行为，向他人非法出售执业医师资格考试的答案，属于非法出售法律规定的国家考试的答案，构成非法出售答案罪。综合考虑案件情况和坦白、退赃等情节，以非法出售答案罪判处被告人李志刚有期徒刑九个月，并处罚金人民币一万元。该判决已发生法律效力。

五、侯庆亮、虎凯代替考试案

代替他人和让他人代替自己参加研究生招生考试，均构成代替考试罪

（一）基本案情

2015年10月间，被告人虎凯通过他人联系被告人侯庆亮，让其代替自己参加2016年全国硕士研究生招生考试。2015年12月26日上午，侯庆亮代替虎凯参加上述考试中的管理类联考综合能力科目时，被监考人员当场发现。虎凯主动向公安机关投案，并如实供述犯罪事实。

（二）裁判结果

北京市海淀区人民法院判决认为：被告人虎凯让被告人侯庆亮代替自己参加研究生招生考试，二被告人的行为均已构成代替考试罪。侯庆亮具有如实供述自己罪行的从轻情节，虎凯具有自首的从轻情节，予以从轻处罚。综合考虑案件具体情况，以代替考试罪分别判处被告人侯庆亮拘役一个月，罚金人民币一万元；被告人虎凯拘役一个月，罚金人民币八千元。该判决已发生法律效力。

六、王学军、翁其能等非法获取国家秘密、非法出售、提供试题、答案案

非法获取属于国家秘密的试题、答案，而后向他人非法出售、提供试题、答案，应当数罪并罚

（一）基本案情

被告人王学军系某大学教授，自2004年起参加一级建造师执业资格考试的命题工作。2017年7月，翁其能提出、授意王学军利用参加命题便利，获取非其出题的市政专业的试题、答案，由其在培训机构中讲课使用，并约定四六分成。同月8日至16日，王学军利用参加命题的便利，在命题现场通过浏览打字员电脑中市政等专业的考卷的方式，对关键词、知识点等进行记忆，于休息时间通过回忆，结合自己的专业知识和出题经验，将所获取的市政等专业的考卷内容整理在随身携带的笔记本电脑上，后在教材上对照电脑中整理的内容进行勾画、标注。翁其能在王学军住处，在自带教材上进行对照勾画、标注和补充。事后王学军从翁其能处获取120万元。

翁其能非法获取信息后，先后联系被告人许智勇、杨伟全、刘伟，商定采用以封闭式小班培训的手段，通过麦克风传话不见面的授课方式，对市政等专业的考生学员进行培训，并收取每名学员数万元以上高额费用。被告人翁学荣参与培训活动，并替翁其能收取报酬。2017年9月，参加培训的被告人王辉意识到该培训班上讲课的内容可能系考题、答案，以照片形式，通过微信发给被告人洪奕轩。洪奕轩将该资料发给被告人洪浩并收取0.6万元，洪浩以1万元出售给被告人刘向阳，刘向阳为分摊购买费用，向被告人江莉等人提供、出售，获利1450元。在上述流程中，上下线均要求保密、不得外泄。江莉等人将该加工过的资料以1200元的价格出售给他人，宣称“考前绝密”“不过退款”。经有关部门认定，上述内容与考试真题高度重合。

（二）裁判结果

江苏省南通市如东县人民法院判决认为：被告人王学军作为命题组成员，

受被告人翁其能的授意，非法获取属于国家秘密的试题、答案，并提供给翁其能在对外培训中使用获利。被告人王学军、翁其能构成非法获取国家秘密罪和非法出售、提供试题、答案罪，数罪并罚，对王学军决定执行有期徒刑五年六个月，并处罚金人民币一百五十万元，对翁其能决定执行有期徒刑五年三个月，并处罚金人民币一百二十万元。被告人翁学荣、许智勇等八人构成非法出售、提供试题、答案罪，综合考虑案件情况，分别判处有期徒刑三年三个月到八个月不等，并处罚金，对被告人刘伟、王辉、洪奕轩、洪浩、刘向阳、江莉依法宣告缓刑。同时，对被告人王学军、翁其能、许智勇、杨伟全依法宣告职业禁止，对被告人刘伟、刘向阳、江莉依法宣告禁止令。该判决已发生法律效力。

最高人民检察院
关于废止部分司法解释性质文件和规范性文件的决定

（2019 年 5 月 8 日最高人民检察院第十三届检察委员会第十八次会议通过　2019 年 6 月 14 日最高人民检察院公告公布）

为了贯彻落实《中华人民共和国监察法》《中华人民共和国刑事诉讼法》，保证国家法律统一正确实施，最高人民检察院对单独或者联合其他单位制发的司法解释性质文件和规范性文件进行了清理。现决定：

一、对最高人民检察院单独制发的 22 件司法解释性质文件和规范性文件予以废止（见附件 1）。

二、经征得有关单位同意，对最高人民检察院与有关单位联合制发的 22 件司法解释性质文件和规范性文件予以废止（见附件 2）。

三、为了便于工作和查询，对最高人民检察院与有关单位联合制发的文件中已经被废止的2件司法解释性质文件和规范性文件，一并予以公布（见附件3）。

附件1

决定废止的单独制发的司法解释性质文件和规范性文件目录（22件）

序号	文件名称	发文日期及文号	废止理由
1	最高人民检察院关于对“公捕”问题的意见	1983年7月12日（83）高检一函第26号	现行《中华人民共和国刑事诉讼法》和《人民检察院刑事诉讼规则（试行）》对执行逮捕的方式已有明确规定。
2	最高人民检察院关于印发《最高人民检察院关于贪污受贿案件免予起诉工作的规定》的通知	1992年1月7日 高检发〔1992〕2号	免予起诉制度已被1996年《中华人民共和国刑事诉讼法》废止。
3	最高人民检察院关于对携款潜逃的贪污、贿赂等案犯及时立案、报告的通知	1992年6月18日 高检发贪检字〔1992〕39号	根据《中华人民共和国监察法》和2018年修改的《中华人民共和国刑事诉讼法》第十九条第二款，该文件不再适用。

序号	文件名称	发文日期及文号	废止理由
4	最高人民检察院关于加强查处偷税、抗税、骗取国家出口退税犯罪案件工作的通知	1993年7月20日 高检发贪检字〔1993〕35号	全文涉及税务领域职务犯罪查处，根据现行《中华人民共和国刑事诉讼法》，人民检察院不再承担这项职能。
5	最高人民检察院关于进一步加强大案要案查处工作的通知	1993年11月4日 高检发贪检字〔1993〕57号	根据《中华人民共和国监察法》、2018年修改的《中华人民共和国刑事诉讼法》第十九条第二款以及最高人民检察院关于印发《关于人民检察院立案侦查司法工作人员相关职务犯罪案件若干问题的规定》的通知（高检发研字〔2018〕28号），该文件不再适用。
6	最高人民检察院关于印发《关于人民检察院直接受理立案侦查案件范围的规定》的通知	1998年5月11日 高检发释字〔1998〕1号	根据《中华人民共和国监察法》、2018年修改的《中华人民共和国刑事诉讼法》第十九条第二款以及最高人民检察院关于印发《关于人民检察院立案侦查司法工作人员相关职务犯罪案件若干问题的规定》的通知（高检发研字〔2018〕28号），该文件不再适用。

序号	文件名称	发文日期及文号	废止理由
7	最高人民检察院关于加强预防职务犯罪工作的意见	1999 年 1 月 29 日 高检发〔1999〕7 号	根据《中华人民共和国监察法》和 2018 年修改的《中华人民共和国刑事诉讼法》第十九条第二款，该文件不再适用。
8	最高人民检察院关于印发《最高人民检察院关于检察机关反贪污贿赂工作若干问题的决定》的通知	1999 年 11 月 8 日 高检发〔1999〕27 号	根据《中华人民共和国监察法》和 2018 年修改的《中华人民共和国刑事诉讼法》第十九条第二款，该文件不再适用。
9	最高人民检察院关于印发《最高人民检察院关于进一步加强预防职务犯罪工作的决定》的通知	2000 年 12 月 13 日 高检发〔2000〕24 号	根据《中华人民共和国监察法》和 2018 年修改的《中华人民共和国刑事诉讼法》第十九条第二款，该文件不再适用。
10	最高人民检察院关于进一步加大对严重行贿犯罪打击力度的通知	2000 年 12 月 21 日 高检发反贪字〔2000〕34 号	根据《中华人民共和国监察法》和 2018 年修改的《中华人民共和国刑事诉讼法》第十九条第二款，该文件不再适用。
11	最高人民检察院关于印发《最高人民检察院关于检察机关有关内设机构预防职务犯罪工作职责分工的规定》的通知	2002 年 4 月 12 日 高检发预字〔2002〕1 号	根据《中华人民共和国监察法》和 2018 年修改的《中华人民共和国刑事诉讼法》第十九条第二款，该文件不再适用。

序号	文件名称	发文日期及文号	废止理由
12	最高人民检察院关于印发《最高人民检察院考评各省、自治区、直辖市检察机关查办职务犯罪案件工作办法（试行）》的通知	2004 年 2 月 13 日 高检发反贪字〔2004〕5 号	根据《中华人民共和国监察法》和 2018 年修改的《中华人民共和国刑事诉讼法》第十九条第二款，该文件不再适用。
13	最高人民检察院关于印发《人民检察院〈关于加强行政机关与检察机关在重大责任事故调查处理中的联系和配合的暂行规定〉的实施办法》的通知	2007 年 11 月 5 日 高检发渎检字〔2007〕8 号	根据《中华人民共和国监察法》和 2018 年修改的《中华人民共和国刑事诉讼法》第十九条第二款，该文件不再适用。
14	最高人民检察院关于印发《关于加强查办危害土地资源渎职犯罪工作的指导意见》的通知	2008 年 11 月 6 日 高检发渎检字〔2008〕12 号	根据《中华人民共和国监察法》和 2018 年修改的《中华人民共和国刑事诉讼法》第十九条第二款，该文件不再适用。
15	最高人民检察院关于印发《关于省级以下人民检察院立案侦查的案件由上一级人民检察院审查决定逮捕的规定（试行）》的通知	2009 年 9 月 2 日 高检发〔2009〕17 号	根据最高人民检察院关于印发《关于人民检察院立案侦查司法工作人员相关职务犯罪案件若干问题的规定》的通知（高检发研字〔2018〕28 号），该文件不再适用。

序号	文件名称	发文日期及文号	废止理由
16	最高人民检察院关于印发省级以下人民检察院立案侦查的案件由上一级人民检察院审查决定逮捕法律文书工作文书的通知	2009年9月3日 高检发侦监字〔2009〕22号	根据最高人民检察院关于印发《关于人民检察院立案侦查司法工作人员相关职务犯罪案件若干问题的规定》的通知（高检发研字〔2018〕28号），该文件所依据的《关于省级以下人民检察院立案侦查的案件由上一级人民检察院审查决定逮捕的规定（试行）》不再适用。
17	最高人民检察院关于印发《人民检察院文明接待室评比标准》的通知	2010年9月9日 高检发控字〔2010〕5号	该文件已被最高人民检察院关于印发《人民检察院文明接待室评比标准》《人民检察院文明接待室评比办法》的通知（高检发控字〔2015〕3号）替代。
18	最高人民检察院关于印发《最高人民检察院关于加强和改进新形势下惩治和预防渎职侵权犯罪工作若干问题的决定》的通知	2010年9月10日 高检发〔2010〕17号	根据《中华人民共和国监察法》和2018年修改的《中华人民共和国刑事诉讼法》第十九条第二款，该文件不再适用。

序号	文件名称	发文日期及文号	废止理由
19	最高人民检察院关于印发《〈关于省级以下人民检察院立案侦查的案件由上一级人民检察院审查决定逮捕的规定（试行）〉的补充规定》的通知	2011年6月2日 高检发办字〔2011〕24号	根据最高人民检察院关于印发《关于人民检察院立案侦查司法工作人员相关职务犯罪案件若干问题的规定》的通知（高检发研字〔2018〕28号），该文件不再适用。
20	最高人民检察院关于印发《最高人民检察院关于实行惩治和预防职务犯罪年度报告制度的意见》的通知	2011年12月1日 高检发预字〔2011〕3号	根据《中华人民共和国监察法》和2018年修改的《中华人民共和国刑事诉讼法》第十九条第二款，该文件不再适用。
21	最高人民检察院关于印发《最高人民检察院关于行贿犯罪档案查询工作的规定》的通知	2013年2月6日 高检发预字〔2013〕2号	根据《中华人民共和国监察法》和2018年修改的《中华人民共和国刑事诉讼法》第十九条第二款，该文件不再适用。
22	最高人民检察院关于印发《最高人民检察院关于加强职务犯罪侦查预防能力建设的意见》的通知	2016年7月29日 高检发反贪字〔2016〕289号	根据《中华人民共和国监察法》和2018年修改的《中华人民共和国刑事诉讼法》第十九条第二款，该文件不再适用。

附件2

决定废止的与有关单位联合制发的司法解释性质文件和规范性文件目录（22件）

序号	文件名称	发文日期及文号	废止理由
1	最高人民检察院、国家工商行政管理总局关于加强联系与配合，在工商行政管理系统共同开展预防职务犯罪工作的通知	2001年4月11日 高检会〔2001〕2号	根据《中华人民共和国监察法》和2018年修改的《中华人民共和国刑事诉讼法》第十九条第二款，该文件不再适用。
2	最高人民检察院、海关总署关于在海关系统共同开展预防职务犯罪工作中加强联系配合的通知	2001年4月26日 高检会〔2001〕4号	根据《中华人民共和国监察法》和2018年修改的《中华人民共和国刑事诉讼法》第十九条第二款，该文件不再适用。
3	最高人民检察院、国家税务总局关于在税务系统中共同做好预防职务犯罪工作的通知	2001年4月30日 高检会〔2001〕5号	根据《中华人民共和国监察法》和2018年修改的《中华人民共和国刑事诉讼法》第十九条第二款，该文件不再适用。
4	最高人民检察院、中共中央企业工作委员会、国家经济贸易委员会关于共同做好国有企业中贪污贿赂犯罪预防工作的通知	2001年7月18日 高检会〔2001〕7号	根据《中华人民共和国监察法》和2018年修改的《中华人民共和国刑事诉讼法》第十九条第二款，该文件不再适用。

序号	文件名称	发文日期及文号	废止理由
5	最高人民检察院、中央金融工委、中国人民银行、中国证券监督管理委员会、中国保险监督管理委员会关于在金融系统共同开展预防职务犯罪工作的通知	2001年8月1日 高检会〔2001〕6号	根据《中华人民共和国监察法》和2018年修改的《中华人民共和国刑事诉讼法》第十九条第二款，该文件不再适用。
6	最高人民检察院、卫生部、国家药品监督管理局、国家中医药管理局关于在医药卫生领域职务犯罪系统预防工作中加强联系配合的通知	2001年8月2日 高检会〔2001〕9号	根据《中华人民共和国监察法》和2018年修改的《中华人民共和国刑事诉讼法》第十九条第二款，该文件不再适用。
7	最高人民检察院、国家发展计划委员会、建设部、交通部、水利部关于在工程建设领域共同开展预防职务犯罪工作中加强联系配合的通知	2001年10月18日 高检会〔2001〕8号	根据《中华人民共和国监察法》和2018年修改的《中华人民共和国刑事诉讼法》第十九条第二款，该文件不再适用。
8	最高人民检察院、审计署关于进一步加强检察机关与审计机关在反腐败工作中协作配合的通知	2004年11月19日 高检会〔2004〕5号	根据《中华人民共和国监察法》和2018年修改的《中华人民共和国刑事诉讼法》第十九条第二款，该文件不再适用。

序号	文件名称	发文日期及文号	废止理由
9	最高人民检察院、国家税务总局关于印发《关于加强检察机关税务机关在开展集中查办破坏社会主义市场经济秩序渎职犯罪专项工作中协作配合的联席会议纪要》的通知	2005年12月30日 高检会〔2005〕5号	根据《中华人民共和国监察法》和2018年修改的《中华人民共和国刑事诉讼法》第十九条第二款，该文件不再适用。
10	最高人民检察院、中国银行业监督管理委员会关于在查处贪污贿赂等职务犯罪案件中加强协调配合的通知	2006年11月2日 高检会〔2006〕14号	根据《中华人民共和国监察法》和2018年修改的《中华人民共和国刑事诉讼法》第十九条第二款，该文件不再适用。
11	最高人民检察院、建设部关于在查处贪污贿赂等职务犯罪案件中加强协作配合的通知	2006年12月21日 高检会〔2006〕15号	根据《中华人民共和国监察法》和2018年修改的《中华人民共和国刑事诉讼法》第十九条第二款，该文件不再适用。
12	最高人民检察院、审计署关于加强铁路检察机关与审计机关工作协作配合、健全案件移送制度的通知	2007年8月31日 高检会〔2007〕2号	根据《中华人民共和国监察法》和2018年修改的《中华人民共和国刑事诉讼法》第十九条第二款，该文件不再适用。

序号	文件名称	发文日期及文号	废止理由
13	最高人民检察院、国家质量监督检验检疫总局关于印发《最高人民检察院、国家质量监督检验检疫总局关于在查处和预防渎职等职务犯罪工作中加强联系协作的若干意见（暂行）》的通知	2007 年 10 月 12 日 高检会〔2007〕6 号	根据《中华人民共和国监察法》和 2018 年修改的《中华人民共和国刑事诉讼法》第十九条第二款，该文件不再适用。
14	最高人民检察院、国土资源部关于印发《关于人民检察院与国土资源行政主管部门在查处和预防渎职等职务犯罪工作中协作配合的若干规定（暂行）》的通知	2007 年 10 月 10 日 高检会〔2007〕7 号	根据《中华人民共和国监察法》和 2018 年修改的《中华人民共和国刑事诉讼法》第十九条第二款，该文件不再适用。
15	最高人民检察院、国家林业局关于印发《关于人民检察院与林业主管部门在查处和预防渎职等职务犯罪工作中加强联系和协作的意见》的通知	2007 年 12 月 29 日 高检会〔2007〕11 号	根据《中华人民共和国监察法》和 2018 年修改的《中华人民共和国刑事诉讼法》第十九条第二款，该文件不再适用。

序号	文件名称	发文日期及文号	废止理由
16	最高人民检察院、住房和城乡建设部关于建立案件线索移送和加强协作配合制度的通知	2008 年 12 月 16 日 高检会〔2008〕6 号	根据《中华人民共和国监察法》和 2018 年修改的《中华人民共和国刑事诉讼法》第十九条第二款，该文件不再适用。
17	最高人民检察院、中央农村工作领导小组办公室、国家发展和改革委员会、教育部、民政部、财政部、人力资源和社会保障部、国土资源部、水利部、农业部、卫生部、审计署、国家林业局、国务院扶贫开发领导小组办公室关于在查办和预防涉农惠民领域职务犯罪工作中加强协作配合的通知	2012 年 6 月 1 日 高检会〔2012〕4 号	根据《中华人民共和国监察法》和 2018 年修改的《中华人民共和国刑事诉讼法》第十九条第二款，该文件不再适用。
18	最高人民检察院、民政部关于印发《关于在民政系统预防职务犯罪工作中加强联系配合的意见》的通知	2012 年 12 月 12 日 高检会〔2012〕5 号	根据《中华人民共和国监察法》和 2018 年修改的《中华人民共和国刑事诉讼法》第十九条第二款，该文件不再适用。

序号	文件名称	发文日期及文号	废止理由
19	最高人民检察院、国家发展和改革委员会关于在招标投标活动中全面开展行贿犯罪档案查询的通知	2015年5月8日 高检会〔2015〕3号	根据《中华人民共和国监察法》和2018年修改的《中华人民共和国刑事诉讼法》第十九条第二款，该文件不再适用。
20	最高人民检察院、住房和城乡建设部、交通运输部、水利部关于在工程建设领域开展行贿犯罪档案查询工作的通知	2015年5月22日 高检会〔2015〕5号	根据《中华人民共和国监察法》和2018年修改的《中华人民共和国刑事诉讼法》第十九条第二款，该文件不再适用。
21	最高人民检察院、国务院扶贫办关于在扶贫开发领域预防职务犯罪工作中加强联系配合的意见	2015年9月20日 高检会〔2015〕8号	根据《中华人民共和国监察法》和2018年修改的《中华人民共和国刑事诉讼法》第十九条第二款，该文件不再适用。
22	最高人民检察院、国务院扶贫办关于印发《全国检察机关、扶贫部门集中整治和加强预防扶贫领域职务犯罪专项工作方案》的通知	2016年2月19日 高检会〔2016〕2号	该文件系阶段性工作部署，根据《中华人民共和国监察法》和2018年修改的《中华人民共和国刑事诉讼法》第十九条第二款，该文件不再适用。

附件3

已被废止的与有关单位联合制发的司法解释性质文件和规范性文件目录（2件）

序号	文件名称	发文日期及文号	废止理由
1	最高人民检察院、审计署关于进一步加强检察机关和审计机关工作联系的通知	1990年8月7日 审法发〔1990〕228号	该文件已被《审计署办公厅关于废止审计机关与检察机关协作配合联系制度文件的通知》（审办审理发〔2019〕6号）废止。
2	最高人民检察院、审计署关于建立案件移送和加强工作协作配合制度的通知	2000年3月23日 审法发〔2000〕30号	该文件已被《审计署办公厅关于废止审计机关与检察机关协作配合联系制度文件的通知》（审办审理发〔2019〕6号）废止。

最高人民检察院法律政策研究室负责人关于《最高人民检察院关于废止部分司法解释性质文件和规范性文件的决定》答记者问

（2019 年 7 月 23 日）

经最高人民检察院第十三届检察委员会第十八次会议通过，最高人民检察院日前发布《最高人民检察院关于废止部分司法解释性质文件和规范性文件的决定》。就此，最高检法律政策研究室负责人回答了记者提问。

1. 请问本次司法解释性质文件和规范性文件清理工作的背景是什么？

答：本次清理工作主要是为适应新时代检察工作需要，全面配合监察体制改革和刑诉法修改，根据《中华人民共和国监察法》和《中华人民共和国刑事诉讼法》，对新中国成立以来至 2018 年 3 月制发的现行有效司法解释性质文件和规范性文件进行的筛查清理。清理的文件主要是以下几类：一是贯彻落实监察体制改革和监察法的要求，废止涉及检察机关已转隶职能的相关文件，如关于职务犯罪预防、行贿犯罪档案查询、部分职务犯罪侦查等文件。二是贯彻落实修改后刑事诉讼法的规定，调整检察机关自侦工作相关机制，废止原职务犯罪案件审查逮捕上提一级等相关文件。三是充分体现新时代法治思想，对于已经停止履行的职能或者违背现行刑事诉讼法精神的个别文件予以废止。

2. 请问本次司法解释性质文件和规范性文件清理工作的原则是什么？

答：在本次清理工作过程中，我们本着严格依法、审慎稳妥、确保衔接、充分沟通的原则，对纳入清理审查范围的 850 份文件逐件逐条比对，根据具体情形分别提出处理意见。具体来说：一是严格依法。按照全覆盖、无死角、严把关的要求，逐件逐条审查。凡是与监察法、刑事诉讼法内容不符的，及时予以废止或者修改。二是审慎稳妥。不违背现行法律精神，对于在司法实践中有指导意义，仅有个别条款需要修改的，尽量通过修改《人民检察院刑事诉讼规则（试行）》等司法解释的方式予以统一解决，避免因简单废止影响相关工作正常开展。三是有效衔接。对拟废止、修改的文件，充分考虑废止、修改后对检察工作的整体影响，充分考虑与其他司法解释和规范性文件的关系，确保相关内容有效衔接。四是充分沟通。对拟废止的文件，在认真论证的基础上，列明废止原因和理由，充分听取相关单位意见，做好说明沟通，以形成共识。

3. 请问此次清理工作有没有清理涉及对民营经济保护不平等的相关文件？

答：为贯彻落实习近平总书记在民营企业座谈会上的重要讲话精神，我们在开展此次文件清理中，也同时就最高人民检察院单独制发或者联合制发的涉及民营企业的司法解释、司法解释性质文件和规范性文件进行清理。经清理，我院承办或者参与会签的现行有效的司法解释、司法解释性质文件和规范性文件中，未发现不符合、不衔接、不适应对民营经济平等保护的宪法法律规定、中央精神、新时代要求的情况。

4. 请问下一步工作计划是什么？

答：近期，我院正在抓紧修改《人民检察院刑事诉讼规则（试行）》，对于未废止的部分文件中需要调整的内容进行修改、规范。此外，在这次集中清理后，我院还将按照《最高人民检察院司法解释工作规定》，进一步加强和规范司法解释工作，提高司法解释工作质量，采取随时清理、定期清理与全面清理相结合的方式，及时修改和废止与法律不一致或者已不适应形势变化的司法解释。对于制定的司法解释以及对司法解释进行修改或者废止的，及时向全国人大常委会报送备案。

[地方性法规、地方政府规章]

湖北省司法鉴定条例

(2019年7月26日)

目　录

第一章　总　　则

第一条　为了规范司法鉴定活动，促进司法公正，维护当事人合法权益，根据《全国人民代表大会常务委员会关于司法鉴定管理问题的决定》和有关法律、行政法规，结合本省实际，制定本条例。

第二条　本条例适用于本省行政区域内的司法鉴定及其服务保障和监督管理活动。

本条例所称司法鉴定，是指在诉讼活动中司法鉴定人运用科学技术或者专门知识对诉讼涉及的专门性问题进行鉴别和判断并提供鉴定意见的活动，包括法医类鉴定、物证类鉴定、声像资料鉴定、环境损害鉴定以及国家规定的其他鉴定事项。

本条例所称司法鉴定机构和司法鉴定人，是指符合本条例规定条件，经司法行政部门登记，从事前款规定司法鉴定业务的机构和人员。

第三条　司法鉴定活动应当遵循客观、公正、科学原则，依法独立进行，实行司法鉴定人负责制度。

司法鉴定机构和司法鉴定人从事司法鉴定活动，应当遵守法律和法规，恪守职业道德和执业纪律，执行司法鉴定程序、技术标准和操作规范。

司法鉴定机构和司法鉴定人依法开展司法鉴定活动，受法律保护，任何组织和个人不得非法干预。

第四条　县级以上人民政府应当加强对司法鉴定工作的组织领导和统筹协调，健全统一司法鉴定管理体制，完善司法鉴定服务体系，保障司法鉴定服务和管理工作经费，提高司法鉴定质量和公信力。

发展改革、教育、科学技术、财政、人力资源和社会保障、生态环境、卫生健康、市场监督管理等相关部门应当依法按照各自职责，支持司法鉴定行业发展，优化司法鉴定执业环境。

第五条　省人民政府司法行政部门负责本省行政区域内司法鉴定活动的监督管理，依法履行司法鉴定机构和司法鉴定人的登记、名册编制、公告等管理职责。

设区的市、自治州人民政府（以下简称市级人民政府）司法行政部门负责本行政区域内司法鉴定活动的监督管理，协助开展司法鉴定机构和司法鉴定人的登记、名册编制等管理工作。

县级人民政府司法行政部门配合开展司法鉴定管理相关工作。

第六条　司法鉴定机构和司法鉴定人实行统一登记管理制度。未经登记并编入司法鉴定机构和司法鉴定人名册，任何组织和个人不得从事统一登记管理范围内的司法鉴定业务。

侦查机关根据侦查工作需要设立的司法鉴定机构及其鉴定人，由其设立机关进行资格审核并负责监督管理，按照有关规定向省人民政府司法行政部门备案登记、编入名册，不得面向社会接受委托从事司法鉴定业务。

人民法院和司法行政部门不得设立司法鉴定机构。

第七条 司法鉴定机构、司法鉴定人依法组建或者参加司法鉴定行业协会。

司法鉴定行业协会依照协会章程开展活动，加强会员职业道德建设和行业自律管理，依法保护会员的合法权益，提高行业业务能力、鉴定质量和服务水平。

第二章 司法鉴定机构

第八条 法人或者其他组织申请从事司法鉴定业务，应当具备下列条件：

（一）有自己的名称、住所和符合规定的资金；

（二）有明确的司法鉴定业务范围；

（三）有在业务范围内进行司法鉴定所必需的仪器、设备；

（四）按照国家有关规定，有在业务范围内进行司法鉴定所必需的依法通过计量认证或者实验室认可的检测实验室；

（五）每项司法鉴定业务有三名以上司法鉴定人。

申请从事环境损害司法鉴定业务的，每项鉴定业务至少有二名具有相关专业高级专业技术职称的司法鉴定人。申请从事的司法鉴定业务涉及相关行业特殊资质要求的，申请人还应当具备相应的资质。

司法鉴定机构设立分支机构，按照国家有关规定执行。

第九条 申请从事司法鉴定业务的法人或者其他组织，应当向市级人民政府司法行政部门提交申请材料，报省人民政府司法行政部门。

省人民政府司法行政部门应当依法审核申请材料，并在二十日内作出决定。符合条件的予以登记，颁发《司法鉴定许可证》；不符合条件的，不予登记，书面告知申请人并说明理由。审核时，按照国家有关规定组织专家评审。

第十条 《司法鉴定许可证》自颁发之日起五年内有效。有效期届满需要延续的，司法鉴定机构应当在届满三十日前提出延续申请。

司法鉴定机构变更登记事项的，按照申请登记的程序办理。

《司法鉴定许可证》不得涂改、出借、出租、转让。

第十一条 司法鉴定机构应当履行下列职责：

（一）建立健全执业、收费、公示、鉴定材料、鉴定档案、财务、投诉举报处理等管理制度；

（二）在登记的业务范围内接受司法鉴定委托，指派司法鉴定人并组织实施司法鉴定；

（三）管理本机构人员，监督司法鉴定人执业活动；

（四）接受司法行政部门的监督管理；

（五）协助、配合司法行政部门和有关部门调查、处理涉及本机构的投诉、举报；

（六）依法组织开展司法鉴定援助；

（七）执行司法鉴定收费管理规定；

（八）组织本机构人员的业务培训；

（九）法律、法规规定的其他职责。

第十二条 司法鉴定机构接受委托从事司法鉴定业务，不受地域范围的限制。

司法鉴定机构不得以诋毁其他司法鉴定机构、司法鉴定人或者支付回扣、介绍费以及进行虚假宣传、违规设立分支机构等不正当手段招揽业务。

第十三条 司法鉴定机构应当对鉴定档案实行集中统一管理，任何组织和个人不得据为已有或者拒绝归档。除约定退还委托人的鉴定材料外，其他与鉴定事项相关的鉴定材料都应当及时立卷归档保存。

含有鉴定意见的鉴定档案保管期限按照国家和省有关规定执行。司法鉴定机构被撤销或者注销的，鉴定档案应当移交当地档案馆。

第十四条 司法鉴定机构有下列情形之一的，省人民政府司法行政部门应当依法注销登记：

（一）依法申请终止司法鉴定活动的；

（二）自愿解散或者无正当理由停止执业一年以上的；

（三）登记事项发生变化，不再符合设立条件的；

（四）《司法鉴定许可证》有效期届满未申请延续的；

（五）法律、法规规定的其他情形。

第三章 司法鉴定人

第十五条 具备下列条件之一的人员，可以申请登记从事司法鉴定业务：

（一）具有与所申请从事的司法鉴定业务相关的高级专业技术职称；

（二）具有与所申请从事的司法鉴定业务相关的专业执业资格或者高等院校相关专业本科以上学历，从事相关工作五年以上；

（三）申请从事经验鉴定型或者技能鉴定型司法鉴定业务的，应当具有相关专业工作十年以上经历，具有较强的专业技能。

第十六条 有下列情形之一的人员，不得申请登记从事司法鉴定业务：

（一）因故意犯罪或者职务过失犯罪受过刑事处罚的；

（二）受过开除公职处分的；

（三）被撤销司法鉴定人登记的；

（四）法律、法规规定的其他情形。

第十七条 申请登记从事司法鉴定业务的人员，应当通过拟执业的司法鉴定机构向市级人民政府司法行政部门提交申请材料，报省人民政府司法行政部门。

省人民政府司法行政部门应当依法审核申请材料，并在二十日内作出决定。符合条件的予以登记，颁发《司法鉴定人执业证》；不符合条件的，不予登记，书面告知申请人并说明理由。审核时，按照国家有关规定组织执业能力考核。

第十八条 《司法鉴定人执业证》自颁发之日起五年内有效。有效期届满需要继续从事司法鉴定业务的，司法鉴定人应当通过所在司法鉴定机构在届满三十日前提出延续申请。

司法鉴定人变更登记事项的，按照申请登记的程序办理。

第十九条 司法鉴定人应当在登记的业务范围内从事司法鉴定业务，并接受所在司法鉴定机构的管理和监督。

司法鉴定人不得同时在两个以上司法鉴定机构中从事司法鉴定业务。

司法鉴定机构可以根据业务需要聘用司法鉴定人助理，辅助司法鉴定人开展司法鉴定活动。司法鉴定人助理不得实施法律、法规规定必须由司法鉴定人实施的司法鉴定工作。

第二十条 司法鉴定人享有下列权利：

（一）依法独立进行司法鉴定；

（二）了解、查阅与鉴定事项有关的情况和资料，询问与鉴定事项有关的当事人、证人和见证人等；

（三）要求委托人无偿提供鉴定所需要的鉴定材料；

（四）进行鉴定所必需的检验、检查和模拟实验；

（五）拒绝接受不合法、不具备鉴定条件或者超出登记业务范围的鉴定委托；

（六）拒绝解决、回答与鉴定无关的问题；

（七）鉴定意见不一致时，保留不同意见；

（八）依法获得报酬；

（九）法律、法规规定的其他权利。

第二十一条 司法鉴定人应当履行下列义务：

（一）受所在司法鉴定机构指派按照时限完成鉴定工作，并出具鉴定意见；

（二）对鉴定意见负责；

（三）依法回避；

（四）妥善保管鉴定材料，如需进行破坏性检验检测，必须征得委托人同意；

（五）保守在执业活动中知悉的国家秘密、商业秘密和个人隐私；

（六）依法出庭作证，回答与鉴定有关的询问；

（七）接受司法行政部门的监督管理；

（八）参加司法鉴定教育培训；

（九）法律、法规规定的其他义务。

第二十二条 司法鉴定人有下列情形之一的，省人民政府司法行政部门应当依法注销登记：

（一）依法申请终止司法鉴定活动的；

（二）《司法鉴定人执业证》有效期届满未申请延续的；

（三）所在司法鉴定机构被撤销或者注销的；

（四）相关专业的执业资格被撤销的；

（五）死亡或者丧失行为能力的；

（六）法律、法规规定的其他情形。

第四章　司法鉴定活动

第二十三条　在诉讼活动中需要进行司法鉴定的，公安机关、人民检察院、人民法院等办案机关应当根据鉴定事项对专业技术的要求，从司法行政部门统一编制并公告的名册中选择和委托司法鉴定机构。

司法鉴定机构应当统一受理办案机关的司法鉴定委托。司法鉴定人不得私自接受委托、收取费用或者当事人财物。

第二十四条　委托人委托司法鉴定，应当提供真实、完整、充分的鉴定材料，并对材料的真实性、合法性负责。

委托人应当对鉴定材料进行审核登记、封存、加盖公章后移送司法鉴定机构。人民法院提供的鉴定材料应当经过质证或者确认。

司法鉴定机构应当核对并记录鉴定材料的名称、种类、数量、性状、保存状况和收件时间等，并出具材料接收凭证。

未经委托人同意，司法鉴定机构不得接收除委托人外其他单位和个人提供的鉴定材料。

第二十五条　司法鉴定机构应当对委托鉴定事项、鉴定材料等进行审查，并自收到委托之日起七个工作日内作出是否接受委托的决定。

对属于本机构司法鉴定业务范围的委托鉴定事项，提供的鉴定材料能够满足鉴定需要的，应当受理。对委托鉴定事项不明确，鉴定材料不完整、不充分，不能满足鉴定需要的，司法鉴定机构可以要求委托人补充；经补充后能够满足鉴定需要的，应当受理。

司法鉴定机构无正当理由不得拒绝接受司法鉴定委托。

第二十六条　司法鉴定机构决定受理鉴定委托的，应当与委托人签订司法鉴定委托书，明确委托鉴定事项、鉴定用途、与鉴定有关的基本案情、鉴定时限、鉴定材料、鉴定费用等事项。

第二十七条 具有下列情形之一的鉴定委托，司法鉴定机构不得受理：

（一）委托鉴定事项超出本机构司法鉴定业务范围的；

（二）发现鉴定材料不真实、不完整、不充分或者取得方式不合法的；

（三）鉴定用途不合法或者违背社会公德的；

（四）鉴定要求不符合司法鉴定执业规则或者相关鉴定技术规范的；

（五）鉴定要求超出本机构技术条件或者鉴定能力的；

（六）委托人就同一鉴定事项同时委托其他司法鉴定机构进行鉴定的；

（七）法律、法规规定不得受理的其他情形。

对不予受理的，司法鉴定机构应当书面说明理由并退还鉴定材料。

第二十八条 司法鉴定机构受理鉴定委托后，应当指派本机构具有该鉴定事项执业资格的司法鉴定人进行鉴定。对同一鉴定事项，应当指派二名司法鉴定人进行鉴定；对复杂、疑难或者特殊鉴定事项，可以指派多名司法鉴定人进行鉴定。

委托人有特殊要求的，经双方协商一致，可以从本机构中选择符合条件的司法鉴定人进行鉴定。

委托人不得要求或者暗示司法鉴定机构、司法鉴定人按照其意图或者特定目的提供鉴定意见。

第二十九条 司法鉴定人有下列情形之一的，应当回避：

（一）本人或者其近亲属与当事人或者鉴定事项涉及的案件有利害关系的；

（二）曾参加过同一鉴定事项的鉴定或者为其提供过咨询意见的；

（三）作为有专门知识的人出庭，就同一鉴定事项的鉴定意见提出意见的；

（四）法律、法规规定应当回避的其他情形。

司法鉴定人自行提出回避的，由其所在的司法鉴定机构决定；委托人要求司法鉴定人回避的，应当向司法鉴定人所在的司法鉴定机构提出，由司法鉴定机构决定。委托人对司法鉴定机构是否回避的决定有异议的，可以撤销鉴定委托。

第三十条 司法鉴定人应当对鉴定过程进行实时记录并签名。记录应当载明主要的鉴定方法和过程，检查、检验、检测结果，以及仪器设备使用情况等。记录的内容应当真实、客观、准确、完整、清晰，记录的文本资料、声像资料等应当存入鉴定档案。

第三十一条 司法鉴定机构应当在与委托人约定的鉴定时限内完成鉴定；没有约定鉴定时限的，应当自鉴定委托受理之日起三十个工作日内完成鉴定。

第三十二条 在鉴定过程中有下列情形之一的，司法鉴定机构可以终止鉴定：

（一）发现有本条例第二十七条第一款第二项至第七项规定情形的；

（二）鉴定材料发生耗损，委托人不能补充提供的；

（三）委托人拒不履行司法鉴定委托书规定的义务，被鉴定人拒不配合或者鉴定活动受到严重干扰，致使鉴定无法继续进行的；

（四）委托人主动撤销鉴定委托，或者委托人、当事人拒绝支付鉴定费用的；

（五）因不可抗力致使鉴定无法继续进行的；

（六）法律、法规规定需要终止鉴定的其他情形。

终止鉴定的，司法鉴定机构应当书面通知委托人，说明理由并退还鉴定材料。

第三十三条 有下列情形之一的，司法鉴定机构可以根据委托人的要求进行补充鉴定：

（一）原委托鉴定事项有遗漏的；

（二）委托人就原委托鉴定事项提供新的鉴定材料的；

（三）法律、法规规定需要补充鉴定的其他情形。

补充鉴定是原委托鉴定的组成部分，应当由原司法鉴定人进行。

第三十四条 有下列情形之一的，司法鉴定机构可以接受办案机关委托进行重新鉴定：

（一）原司法鉴定人不具有从事委托鉴定事项执业资格的；

（二）原司法鉴定机构超出登记的业务范围组织鉴定的；

（三）原司法鉴定人应当回避没有回避的；

（四）原司法鉴定程序严重违法的；

（五）法律、法规规定需要重新鉴定的其他情形。

第三十五条 办案机关应当对重新鉴定事项的必要性和可行性进行审查，必要时可以组织专家评审。

重新鉴定应当委托原司法鉴定机构以外的其他司法鉴定机构进行；因特殊原因，也可以委托原司法鉴定机构进行，但原司法鉴定机构应当指派原司法鉴定人以外的其他符合条件的司法鉴定人进行。

重新鉴定的司法鉴定人中应当至少有一名具有相关专业高级专业技术职称。

第三十六条 鉴定过程中，涉及复杂、疑难、特殊技术问题的，可以向本机构以外的相关专业领域的专家进行咨询，但最终的鉴定意见应当由本机构的司法鉴定人出具。专家提供咨询意见应当签名，并存入鉴定档案。

第三十七条 司法鉴定机构和司法鉴定人完成鉴定后，应当按照有关规定制作司法鉴定意见书，并送交委托人。

司法鉴定意见书应当加盖司法鉴定机构的司法鉴定专用章并由司法鉴定人签名。多人参加的鉴定，对鉴定意见有不同意见的，应当注明。

第三十八条 委托人对鉴定过程、鉴定意见提出询问的，司法鉴定机构和司法鉴定人应当给予解释或者说明。未经委托人同意，司法鉴定机构和司法鉴定人不得向其他个人或者组织提供与鉴定事项有关的信息，但法律、法规另有规定的除外。

第三十九条 经人民法院依法通知，司法鉴定人应当出庭作证，回答与司法鉴定事项有关的问题。司法鉴定人确因法律规定的情形不能出庭作证的，应当经人民法院许可。无正当理由拒不出庭作证的，鉴定意见不得作为认定事实的根据，支付鉴定费用的当事人可以依法要求返还鉴定费用。

第四十条 人民法院通知司法鉴定人出庭作证的，应当依法在开庭前将通知书送达司法鉴定机构。司法鉴定机构应当支持司法鉴定人出庭作证，为司法鉴定人出庭提供必要条件。

人民法院应当为司法鉴定人出庭提供席位、通道等，保障司法鉴定人出庭作证时的人身安全及其他合法权益。经人民法院同意，司法鉴定人可以使用视听传输技术或者同步视频作证室等作证。

第四十一条 当事人对鉴定意见提出异议的，办案机关应当引导当事人依法维护权利，不得要求或者暗示当事人直接到司法鉴定机构进行质询。

办案机关不得向当事人透露司法鉴定人执业资格、业务范围以外的个人信息。司法鉴定人及其近亲属因鉴定执业活动、出庭作证而受到人身安全威胁的，相关机关应当依法及时采取必要的保护措施。

对采用辱骂、殴打、恐吓、损毁财物等方式破坏司法鉴定机构工作秩序、干扰司法鉴定活动的当事人或者其他人员，公安机关应当依法及时处置。

第四十二条 司法鉴定人在人民法院指定日期出庭发生的交通费、住宿费、生活费和误工补贴，按照国家有关规定应当由当事人承担的，由人民法院代为收取并支付给司法鉴定机构。

第五章 服务保障和监督管理

第四十三条 省人民政府司法行政部门应当制定本省司法鉴定发展专项规划，建立标准化、全覆盖的司法鉴定便民服务网络，支持司法鉴定机构加强技术装备和人才队伍建设，促进司法鉴定行业健康发展。

市县两级人民政府司法行政部门应当加强司法鉴定机构质量管理和能力水平建设，推动司法鉴定机构专业化、规范化发展。

支持依托高等院校、科研院所设立司法鉴定机构，支持司法鉴定机构与高等院校、科研院所合作，提高司法鉴定能力和水平。

第四十四条 省人民政府司法行政部门应当统一编制司法鉴定机构和司法鉴定人名册，真实、准确反映司法鉴定机构和司法鉴定人的执业能力和水平，及时向社会公告、实行动态调整。

第四十五条 省人民政府司法行政部门应当建立司法鉴定机构资质管理评估、司法鉴定质量评估和诚信评价机制，评估评价结果依法纳入社会信用信息服务平台，及时向社会公布。

开展评估评价应当听取办案机关意见，并将司法鉴定能力水平、依法规范执业以及鉴定意见的采信情况作为评估评价的重要内容。

第四十六条 省人民政府司法行政部门应当建立司法鉴定专家库，组织开展司法鉴定登记专家评审、司法鉴定质量专家评估和司法鉴定监督管理专家咨询等工作。

第四十七条 县级以上人民政府司法行政部门应当加强司法鉴定培训工作，有计划地组织司法鉴定机构、司法鉴定人开展工作培训和业务交流。

第四十八条 省人民政府司法行政部门应当建立司法鉴定信息化管理平台，实行司法鉴定实施程序全流程监督管理。司法行政部门和办案机关应当共同做好信息平台对接，实现信息共享。

司法行政部门和办案机关建立司法鉴定管理与使用衔接机制。司法行政部门应当将司法鉴定机构、司法鉴定人变更和行政处罚等情况，及时告知办案机关。办案机关应当将鉴定意见的采信情况和司法鉴定机构、司法鉴定人的违法违规行为，及时告知司法行政部门；必要时，可以发出司法建议书。

第四十九条 县级以上人民政府司法行政部门应当建立健全随机抽查机制，对司法鉴定机构和司法鉴定人的下列事项进行监督检查，并将抽查情况以及查处结果及时向社会公布：

（一）遵守有关法律、法规情况；

（二）执行司法鉴定程序、技术标准和操作规范情况；

（三）遵守职业道德和执业纪律情况；

（四）业务开展和鉴定质量情况；

（五）制定和执行管理制度情况；

（六）执行司法鉴定收费管理规定情况；

（七）法律、法规规定的其他事项。

第五十条 县级以上人民政府司法行政部门应当建立司法鉴定投诉举报处理机制，依法分级受理、调查处理司法鉴定投诉举报。

司法鉴定案件当事人或者其他利害关系人认为司法鉴定机构和司法鉴定人在执业活动中有违法行为的，可以向司法行政部门投诉；其他个人或者组织发现司法鉴定机构和司法鉴定人违法执业的，可以向司法行政部门举报。司法行政部门应当依法及时调查处理。

第五十一条 司法行政部门、司法鉴定行业协会应当建立投诉举报事项行政处罚与行业惩戒衔接制度。

建立健全司法鉴定纠纷调解机制，对适合调解的鉴定纠纷，在双方自愿、平等的基础上，引导投诉人和被投诉人通过调解方式解决鉴定纠纷。

第五十二条 司法鉴定的收费标准由省人民政府价格主管部门会同省人民政府司法行政部门制定。

司法鉴定机构办理与法律援助案件相关的司法鉴定事项，应当按照有关规定减收或者免收鉴定费用。

第六章 法律责任

第五十三条 违反本条例，法律、法规有规定的，从其规定。

第五十四条 未经依法登记的机构和人员从事司法鉴定业务的，由省人民政府司法行政部门责令其停止司法鉴定活动；有违法所得的，没收违法所得，并处违法所得一倍以上三倍以下的罚款。

第五十五条 司法鉴定机构有下列情形之一的，由省人民政府司法行政部门给予警告，并责令改正；情节严重的，给予停止从事司法鉴定业务一个月以上三个月以下的处罚：

（一）超出登记的业务范围从事司法鉴定业务的；

（二）登记事项发生变化，未依法办理变更登记的；

（三）涂改、出借、出租、转让《司法鉴定许可证》的；

（四）无正当理由拒绝接受司法鉴定委托的；

（五）违反司法鉴定程序、技术标准和操作规范进行司法鉴定的；

（六）违反司法鉴定收费管理规定的；

（七）以诋毁其他司法鉴定机构、司法鉴定人或者支付回扣、介绍费以及进行虚假宣传等不正当手段招揽业务的；

（八）组织未取得《司法鉴定人执业证》的人员从事司法鉴定业务的；

（九）拒绝接受司法行政部门监督、检查或者采取提供虚假材料等手段弄虚作假的；

（十）违规设立分支机构的；

（十一）法律、法规规定的其他情形。

第五十六条 司法鉴定人有下列情形之一的，由省人民政府司法行政部门给予警告，并责令改正；情节严重的，给予停止从事司法鉴定业务一个月以上三个月以下的处罚：

（一）超出登记的业务范围从事司法鉴定业务的；

（二）同时在两个以上司法鉴定机构从事司法鉴定业务的；

（三）私自接受委托、收取费用或者当事人财物的；

（四）违反保密、回避规定的；

（五）违反司法鉴定程序、技术标准和操作规范进行司法鉴定的；

（六）拒绝接受司法行政部门监督、检查或者采取提供虚假材料等手段弄虚作假的；

（七）法律、法规规定的其他情形。

第五十七条 司法鉴定机构、司法鉴定人有下列情形之一的，由省人民政府司法行政部门给予停止从事司法鉴定业务三个月以上一年以下的处罚；情节严重的，撤销登记：

（一）因严重不负责任给当事人合法权益造成重大损失的；

（二）提供虚假证明文件或者采取其他欺诈手段，骗取登记的；

（三）故意作虚假鉴定的；

（四）经人民法院依法通知，无正当理由拒绝出庭作证的；

（五）法律、法规规定的其他情形。

第五十八条 司法鉴定机构、司法鉴定人在执业过程中，因故意或者重大过失给当事人造成损失的，依法承担民事责任。

第五十九条 国家机关及其工作人员有下列情形之一的，对直接负责的主管人员和其他直接责任人员依法给予处分：

（一）违反法定条件和程序办理司法鉴定机构、司法鉴定人登记的；

（二）收受或者索取司法鉴定机构、司法鉴定人财物或者谋取其他不正当利益的；

（三）收到投诉举报或者发现违法行为线索，不及时履行调查处理和监督职责的；

（四）非法干预司法鉴定机构、司法鉴定人依法独立开展司法鉴定活动的；

（五）其他滥用职权、玩忽职守、徇私舞弊情形的。

第七章　附　则

第六十条　在诉讼活动外，司法鉴定机构和司法鉴定人依法开展相关鉴定业务的，参照本条例规定执行。

第六十一条　本条例自2019年11月1日起施行。2002年3月28日湖北省第九届人民代表大会常务委员会第三十二次会议通过的《湖北省司法鉴定管理条例》同时废止。

江苏省禁毒条例

（1999年12月21日江苏省第九届人民代表大会常务委员会第十三次会议通过　2012年9月26日江苏省第十一届人民代表大会常务委员会第三十次会议修订　根据2019年3月29日江苏省第十三届人民代表大会常务委员会第八次会议《关于修改〈江苏省城乡规划条例〉等九件地方性法规的决定》修正）

目　录

第一章 总 则

第一条 为了预防和惩治毒品违法犯罪行为，保护公民身心健康，维护社会秩序，根据《中华人民共和国禁毒法》、国务院《戒毒条例》等法律、行政法规，结合本省实际，制定本条例。

第二条 本条例所称毒品，是指鸦片、海洛因、甲基苯丙胺（冰毒）、吗啡、大麻、可卡因以及国家规定管制的氯胺酮等其他能够使人形成瘾癖的麻醉药品和精神药品。

第三条 禁毒是全社会的共同责任。国家机关、社会团体、企业事业单位以及其他组织和公民，应当依法履行禁毒职责或者义务。

第四条 禁毒工作实行预防为主，综合治理，禁种、禁制、禁贩、禁吸并举的方针。

第五条 禁毒工作实行政府统一领导，有关部门各负其责，社会广泛参与的工作机制。

县级以上地方人民政府设立禁毒委员会，负责组织、协调、指导本行政区域内的禁毒工作。禁毒委员会办公室的日常工作，由公安机关配备相应工作人员具体承担。

城市街道办事处、乡镇人民政府应当依法做好毒品预防、社区戒毒和社区康复等工作。

第六条 县级以上地方人民政府应当将禁毒工作纳入国民经济和社会发展规划，并将禁毒经费列入本级财政预算，保障其与禁毒工作需要相适应。

第七条 鼓励对禁毒工作进行捐赠。单位和个人对禁毒工作的公益性捐赠支出符合条件的，按照规定享受有关税收优惠。

第八条 任何单位和个人有权举报毒品违法犯罪行为。地方各级人民政府和有关部门应当建立举报奖励制度，对举报有功的单位和个人予以表彰及奖励，对举报人的身份信息予以保密，保护举报人的人身安全。

第九条 鼓励、支持志愿者、志愿者服务组织和其他社会组织参与禁毒宣传教育和戒毒社会服务。

第二章　禁毒宣传教育

第十条　县级以上地方人民政府应当建立健全禁毒宣传教育工作体系，开展全民禁毒宣传教育，增强全社会禁毒意识。

第十一条　公安机关应当会同有关部门制定禁毒宣传教育计划，组织、协调、指导、开展禁毒宣传教育工作。

第十二条　司法行政部门负责组织、指导、检查禁毒法律、法规的宣传教育工作，将其纳入法制宣传教育规划。

公安、民政、司法行政等部门应当指导基层组织将禁毒宣传教育纳入社区建设和管理内容。

第十三条　教育行政部门应当将毒品预防教育纳入学校素质教育监测评价体系。

普通中小学五年级至高中二年级每学年开展毒品预防教育的时间不少于二课时，中等职业学校、高等学校等其他各类学校应当按照有关规定开展毒品预防教育。

第十四条　城市街道办事处、乡镇人民政府、基层有关部门和组织应当采取措施，加强对居民、流动人口的禁毒宣传教育。

第十五条　设区的市人民政府应当确定或者建设固定的禁毒教育场馆，县（市）人民政府根据需要确定或者建设禁毒教育场所，免费向社会提供禁毒宣传教育服务。

第十六条　报社、电台、电视台等媒体单位以及从事网络、公共显示屏等信息服务的单位应当根据禁毒工作需要，免费刊登、播放禁毒广告和禁毒节目等，每年开展公益性禁毒宣传不少于三次。

第十七条　娱乐场所以及酒吧、网吧、旅馆、会所、俱乐部、洗浴店、按摩店、美容美发室等服务场所应当依法落实禁毒防范措施，公布举报电话，在大厅、包间（厢）的显著位置张贴禁毒警示标志或者在显示屏播放禁毒宣传片，并对本场所从业人员进行毒品预防教育培训，防止在本场所内发生毒品违法犯罪行为。

第十八条　家庭应当重视毒品预防教育。未成年人的父母或者其他监护人应当对未成年人进行毒品危害的教育，防止其吸食、注射毒品或者进行其他毒品违法犯罪活动。

第三章　毒品管制

第十九条　禁止非法种植罂粟、古柯植物、大麻植物以及国家规定管制的可以用于提炼加工毒品的其他原植物。禁止走私或者非法买卖、运输、携带、持有未经灭活的毒品原植物种子或者幼苗。

农业农村、林业等部门发现非法种植毒品原植物的，应当立即采取措施予以制止，并向公安机关报告。

第二十条　生产、经营、购买、运输、储存、使用或者进口、出口麻醉药品、精神药品、易制毒化学品以及相关复方制剂的单位及其工作人员，应当严格执行国家和省有关规定，落实单位内部管理制度，防止发生麻醉药品、精神药品、易制毒化学品以及相关复方制剂被盗、被抢、丢失或者其他流入非法渠道的情形。

麻醉药品、第一类精神药品和第一类易制毒化学品生产、经营、使用单位的存储库房，应当设置视频监控设施和与公安机关联网的报警装置。

第二十一条　易制毒化学品生产、使用企业应当如实登记本企业生产、使用第一类、第二类易制毒化学品的从业人员的姓名、身份证号码、住址、联系方式等个人信息（以下简称个人信息），并自用工之日起三十日内，将登记信息向所在地县（市、区）应急管理部门、市场监督管理部门和公安机关报告。

第二十二条　化工企业出租、转让其反应釜等设施设备的，应当按照有关规定如实登记承租或者受让企业名称、营业执照注册号，承租人或者受让人个人信息，出租期限、转让时间，出租或者转让设施设备的主要用途等情况，并自出租或者转让协议签订之日起七日内，将登记信息向所在地县（市、区）应急管理部门和公安机关报告。

第二十三条　邮政、物流、快递企业应当建立并执行收寄验视制度，对寄件人交寄的除信件以外的物品，应当当场验视内件，并按照快递服务标准等规定要求寄件人完整准确地填写寄件人和收件人姓名、地址、联系方式以及收寄物品的名称、数量等邮件详情单或者物流、快递运单上的信息。寄件人拒绝验视的，不予收寄。邮政、物流、快递企业应当如实记录或者保存上述信息，信息保存期限不得少于一年。

邮政、物流、快递企业发现非法邮寄、运输、夹带疑似毒品或者易制毒化学品的，应当立即向公安机关或者海关报告，并配合公安机关或者海关进行调查。

第二十四条 报关企业应当登记客户单位名称、营业执照注册号和经办人的个人信息，校验经办人有效身份证件，如实向海关报告进出口货物品名、数量，配合海关或者公安机关查缉毒品和易制毒化学品。

第二十五条 娱乐、服务场所及其从业人员不得为进入本场所的人员实施毒品违法犯罪行为提供条件。

娱乐、服务场所应当建立和落实内部巡查制度，填写禁毒巡查记录，发现本场所内有贩卖、吸食、注射毒品等违法犯罪活动的，应当立即向公安机关报告，并配合公安机关进行调查。

第二十六条 房屋出租人应当如实登记承租人的个人信息，并自租赁协议签订之日起七日内，将登记信息向所在地公安派出所报告；发现出租房屋内有贩卖、吸食、注射毒品等违法犯罪活动的，应当立即向公安机关报告。

第二十七条 任何单位和个人不得发布麻醉药品、精神药品的广告，不得违反国家规定发布易制毒化学品销售信息，不得传授制毒方法。

媒体单位发现涉毒广告、涉毒销售信息或者传授制毒方法信息的，应当立即停止发布，保存有关记录，并向公安机关报告。

互联网信息服务提供者应当建立信息巡查制度，不得制作、复制、发布、传播涉毒信息，发现其网站传输的信息明显涉及毒品违法犯罪活动的，应当立即停止传输，保存有关记录，并向公安机关报告。

公安、工业和信息化、市场监督管理、文化和旅游、广播电视、新闻出版、通信管理等部门应当加强监督管理，依法查处发布涉毒广告、涉毒销售信息、传授制毒方法等违法行为。

第四章　戒毒措施

第二十八条 戒毒工作应当坚持以人为本、科学戒毒、综合矫治、关怀救助的原则，采取自愿戒毒、社区戒毒、强制隔离戒毒、社区康复等多种措施，建立戒毒治疗、心理矫治、康复指导、救助服务兼备的工作体系。

第二十九条 公安机关应当按照国家有关规定对涉嫌吸毒的人员进行必要的检测，被检测人员应当予以配合；对拒绝接受检测的，经省、设区的市、县（市、区）公安机关或者其派出机构负责人批准，可以强制检测。

第三十条 公安机关对执法活动中发现的吸毒人员应当进行吸毒成瘾认定，因技术原因认定有困难的，可以委托具有资质的戒毒医疗机构进行认定。

吸毒成瘾人员应当进行戒毒治疗。

第三十一条 鼓励吸毒成瘾人员自行戒除毒瘾。吸毒人员可以自行到具有资质的戒毒医疗机构接受戒毒治疗。

戒毒医疗机构应当与自愿戒毒人员或者其监护人签订自愿戒毒协议，登记自愿戒毒人员的个人信息以及吸食毒品类型、戒毒期限等信息，并自协议签订之日起七日内将有关信息向所在地县（市、区）公安机关报告。

公安机关、戒毒医疗机构应当对自愿戒毒人员的个人信息予以保密。

第三十二条 符合参加戒毒药物维持治疗条件的戒毒人员，由本人向戒毒药物维持治疗机构提出申请并经登记后，可以参加戒毒药物维持治疗。

戒毒药物维持治疗机构应当将登记参加药物维持治疗人员的个人信息，自登记之日起七日内向所在地县（市、区）公安机关报告。

第三十三条 对吸毒成瘾人员，设区的市公安机关、县（市、区）公安机关可以责令其接受社区戒毒。

社区戒毒人员应当在户籍所在地接受社区戒毒；在户籍所在地以外的现居住地有固定住所的，可以在现居住地接受社区戒毒。

第三十四条 社区戒毒由城市街道办事处、乡镇人民政府负责实施。城市街道办事处、乡镇人民政府应当成立社区戒毒工作领导小组，确定社区戒毒工作机构，配备社区戒毒专职工作人员，制定社区戒毒工作计划，落实社区戒毒措施。

第三十五条 社区戒毒工作机构应当与社区戒毒人员签订社区戒毒协议，落实有针对性的社区戒毒措施。社区戒毒协议应当包括以下内容：

（一）社区戒毒的具体措施；

（二）社区戒毒人员应当遵守的规定；

（三）社区戒毒人员享有的权利和可以获得的帮助；

（四）违反社区戒毒协议应当承担的责任；

（五）其他依法应当明确的事项。

社区戒毒专职工作人员、社区民警、社区医务人员、社区戒毒人员的家庭成员以及禁毒志愿者共同组成社区戒毒工作小组具体实施社区戒毒。

第三十六条 社区戒毒人员因户籍所在地或者现居住地发生变化，需要变更社区戒毒执行地的，由社区戒毒人员向执行地城市街道办事处、乡镇人民政府提出申请，经执行地社区戒毒工作机构核实后，将有关材料转送至变更后的城市街道办事处、乡镇人民政府。

变更后的城市街道办事处、乡镇人民政府应当按照有关规定，与社区戒毒人员签订新的社区戒毒协议，继续执行社区戒毒。

第三十七条 吸毒成瘾人员有《中华人民共和国禁毒法》第三十八条第一款所列情形之一的，由设区的市公安机关、县（市、区）公安机关作出强制隔离戒毒的决定。

强制隔离戒毒人员的投送执行、收治管理、疾病救治、死亡处置等相关具体规定，由省公安机关、司法行政部门会同民政、卫生健康等部门制定。

对患有传染病的强制隔离戒毒人员，应当按照有关规定设置专门场所或者区域，采取必要的隔离、治疗措施。

第三十八条 解除强制隔离戒毒的，强制隔离戒毒场所应当在解除强制隔离戒毒三日前通知强制隔离戒毒的决定机关，出具解除强制隔离戒毒证明书送达戒毒人员本人，并通知其家属、所在单位、户籍所在地或者现居住地公安派出所、社区戒毒工作机构将其领回。

第三十九条 强制隔离戒毒场所应当对解除强制隔离戒毒的人员作出诊断评估，向强制隔离戒毒的决定机关提出社区康复建议。强制隔离戒毒的决定机关可以责令其接受不超过三年的社区康复。

第四十条 戒毒医疗机构、戒毒药物维持治疗机构、戒毒康复场所发现戒毒人员在治疗期间吸食、注射毒品的，应当予以制止并立即向公安机关报告。

第四十一条 禁止吸食、注射毒品后驾驶机动车，禁止有吸毒行为记录人员驾驶校车。

三年内有吸食、注射毒品行为或者解除强制隔离戒毒措施未满三年的人员，或者长期服用依赖性精神药品成瘾尚未戒除的人员，不得申请机动车驾驶证。

被查获有吸食、注射毒品后驾驶机动车行为的人员，正在执行社区戒毒、强制隔离戒毒、社区康复措施的人员，或者长期服用依赖性精神药品成瘾尚未戒除的人员，已取得的机动车驾驶证应当依法注销。

因吸食、注射毒品被行政处罚或者被决定强制隔离戒毒的人员，在行政处罚执行完毕三年后或者解除强制隔离戒毒措施三年后申领机动车驾驶证的，应当由户籍地或者居住地公安机关对其进行吸毒检测。

公安机关应当加强对有吸毒行为记录驾驶人的管理，发现大中型客货车、公共汽车和出租车驾驶人有吸毒行为记录的，应当通报道路运输管理机构和有关企业，建议对其加强监管或者调离工作岗位。

第五章　监督保障

第四十二条　县级以上地方人民政府应当将禁毒工作纳入社会管理综合治理和平安建设考核内容，与下一级人民政府签订年度禁毒工作责任书，对其履行禁毒工作职责情况进行监督。

第四十三条　县级以上地方人民政府禁毒委员会应当制定本行政区域禁毒工作目标，对下一级人民政府禁毒委员会、本级人民政府有关部门和单位完成禁毒工作任务情况进行督促、考核。

县级人民政府禁毒委员会应当对城市街道办事处、乡镇人民政府开展禁毒工作情况进行检查、考核。

第四十四条　县级以上地方人民政府禁毒委员会应当组织公安和司法行政、卫生健康、药品监督管理等部门开展毒品、麻醉药品和精神药品滥用监测、调查，科学评估本行政区域毒品问题现状和趋势，并向社会公开监测、调查结果。

药品监督管理部门按照禁毒委员会规定的职责组织开展麻醉药品、精神药品滥用监测登记时，有关部门和强制隔离戒毒场所、戒毒医疗机构、戒毒药物维持治疗机构等单位应当予以配合。

第四十五条 设区的市和登记在册吸毒人员数量较多的县（市），应当按照国家和省有关建设标准，提出强制隔离戒毒场所具体设置方案，报省人民政府批准。

第四十六条 卫生健康行政部门应当会同公安、司法行政等部门按照戒毒医疗机构设置规划，设置或者确定符合要求的戒毒医疗机构或者戒毒治疗科室。

第四十七条 设区的市应当设置或者确定戒毒药物维持治疗机构，县（市）可以根据戒毒工作需要设置或者确定戒毒药物维持治疗机构。

在吸食海洛因等阿片类物质成瘾人员分布较为分散的地区，可以依托戒毒药物维持治疗机构设置或者确定符合要求的戒毒药物维持治疗延伸服药点，方便戒毒人员治疗。

第四十八条 戒毒人员在强制隔离戒毒期间的生活费用、医疗费用等，按照国家和省有关规定执行。

县级以上地方人民政府应当对戒毒药物维持治疗工作所需费用给予补助。

第四十九条 地方各级人民政府和有关部门应当加强对戒毒人员的职业技能培训与就业指导，提供就业信息，拓宽就业渠道，并鼓励和扶持戒毒人员自谋职业、自主创业，帮助其回归社会。

用人单位和公益性岗位招用符合就业困难人员条件的戒毒人员，按照实际招用的人数，对单位缴费部分按照规定给予社会保险补贴。戒毒人员符合就业困难人员条件，从事个体经营或者灵活就业后申报就业并缴纳社会保险费的，按照规定享受社会保险补贴。

第五十条 公安、民政、司法行政、交通运输、商务、卫生健康、药品监督管理、应急管理、海关等部门，应当建立健全吸毒人员、麻醉药品、精神药品、易制毒化学品等信息管理系统，依法进行信息沟通，建立交流机制，相关部门和单位应当予以协助、配合。

第五十一条 社区戒毒专职工作人员由城市街道办事处、乡镇人民政府工作人员、社区工作者或者戒毒社会工作者担任。

县级以上地方人民政府可以采取购买服务等方式提供社区戒毒服务。

第六章　法律责任

第五十二条　服务场所违反本条例规定，未在大厅、包间（厢）的显著位置张贴禁毒警示标志，未在显示屏播放禁毒宣传片，或者未对本场所从业人员进行毒品预防教育培训的，由县（市、区）公安机关责令改正，给予警告。

服务场所未填写禁毒巡查记录，或者发现本场所内有贩卖、吸食、注射毒品等违法犯罪活动未立即向公安机关报告的，由县（市、区）公安机关责令改正，给予警告；情节严重的，责令停业整顿一个月至三个月，可以并处一千元以上一万元以下罚款。

服务场所及其从业人员违反本条例规定，为进入本场所的人员实施毒品违法犯罪行为提供条件的，由县（市、区）公安机关没收违法所得和非法财物，责令停业整顿三个月至六个月；情节严重的，对直接负责的主管人员和其他直接责任人员处以一万元以上二万元以下罚款，已经取得经营许可证件的，由原发证机关依法吊销相关经营许可证件。

第五十三条　易制毒化学品生产、使用企业和化工企业违反本条例规定，未如实登记并报告相关信息的，由县（市、区）应急管理部门、市场监督管理部门和公安机关依法记入信用档案，并按照各自职责，责令改正，可以处以五百元以上五千元以下罚款；情节严重的，处以五千元以上五万元以下罚款。

第五十四条　邮政、物流、快递企业违反本条例规定，未要求寄件人完整准确地填写并如实记录或者保存寄件人和收件人信息、收寄物品信息，或者信息保存期限少于一年，发生涉毒案件的，由县（市、区）公安机关处以五千元以上五万元以下罚款。

邮政、物流、快递企业发现非法邮寄、运输、夹带疑似毒品或者易制毒化学品，未立即向公安机关或者海关报告的，由县（市、区）公安机关处以五千元以上五万元以下罚款或者由海关依法给予处罚。

第五十五条　房屋出租人违反本条例规定，发现出租房屋内有吸食、注射毒品等违法活动，未立即向公安机关报告的，由县（市、区）公安机关给予警告，处以二百元以上五百元以下罚款。

第五十六条　违反规定发布易制毒化学品销售信息的，由县（市、区）

公安机关处以五千元以上五万元以下罚款；传授制毒方法，尚未构成犯罪的，由县（市、区）公安机关没收违法所得和非法财物，并处以一万元以上十万元以下罚款。

媒体单位、互联网信息服务提供者违反本条例规定，发现涉毒广告、涉毒销售信息或者传授制毒方法信息，未立即向公安机关报告的，由县（市、区）公安机关处以二千元以上二万元以下罚款。

第五十七条 戒毒药物维持治疗机构、戒毒康复场所违反本条例规定，发现戒毒人员在治疗期间吸食、注射毒品，未立即向公安机关报告的，由县（市、区）公安机关、卫生健康行政部门按照各自职责，责令改正；情节严重的，责令停业整顿。

第五十八条 违反本条例规定，构成违反治安管理、邮政管理、娱乐场所管理、互联网信息服务管理等行为的，依照《中华人民共和国治安管理处罚法》《中华人民共和国邮政法》、国务院《娱乐场所管理条例》《互联网信息服务管理办法》等法律、法规处罚；构成犯罪的，依法追究刑事责任。

第五十九条 有关部门的工作人员在禁毒工作中滥用职权、玩忽职守、徇私舞弊，构成犯罪的，依法追究刑事责任；尚不构成犯罪的，依法给予处分。

第七章 附 则

第六十条 本条例自 2013 年 1 月 1 日起施行。

[地方司法业务文件]

江苏省高级人民法院

关于办理认罪认罚刑事案件的指导意见

(2019 年 8 月 20 日)

为贯彻落实修订后刑事诉讼法，确保认罪认罚从宽制度正确有效实施，根据相关法律及司法解释规定，结合我省司法审判实践，制定如下指导意见：

一、关于认罪认罚从宽制度的适用范围

犯罪嫌疑人、被告人自愿如实供述自己的罪行，承认指控的犯罪事实，愿意接受处罚的，可以依法从宽处理。

1. 适用案件。认罪认罚从宽制度是宽严相济刑事政策的具体化和制度化，是推动繁简分流，完善刑事诉讼制度，优化司法资源配置的重要举措，贯穿于刑事立法司法的整个过程，原则上没有案件适用范围的限制，适用于所有刑事案件。

2. 适用程序。认罪认罚从宽制度是坦白从宽的法律规定、刑事政策与刑事诉讼程序的有机结合，贯穿于刑事诉讼的各个阶段，适用于审判阶段的各个程序。

3. 不适用情形。下列情形，即使犯罪嫌疑人、被告人认罪认罚，也不适用认罪认罚从宽制度：

(1) 犯罪嫌疑人、被告人的行为不构成犯罪或者不应当追究其刑事责

任的；

（2）犯罪嫌疑人、被告人违背意愿认罪认罚的；

（3）案件事实不清、证据不足的；

（4）其他不适用认罪认罚从宽制度的。

二、关于认罪认罚从宽制度的适用条件

4. “认罪”的把握。认罪认罚从宽制度中的“认罪”，是指犯罪嫌疑人、被告人自愿如实供述自己的罪行，对指控的犯罪事实没有异议。认罪的实质，是“认事”，即如实供述并承认指控的犯罪事实，其表现形式可以是自首、坦白，也可以是当庭自愿认罪等，具体认定应当依照自首、坦白的刑法及司法解释等相关规定予以把握。犯罪嫌疑人、被告人承认指控的主要犯罪事实，仅对不影响定罪量刑的事实情节提出异议的；或者对犯罪事实没有异议，仅对行为性质提出辩解的，不影响“认罪”的认定。

5. “认罚”的把握。认罪认罚从宽制度中的“认罚”，是指犯罪嫌疑人、被告人真诚悔罪，愿意接受处罚，对人民检察院量刑建议的刑罚种类、幅度以及执行方式等均予以认可。“认罚”在不同诉讼阶段有不同的体现，在侦查阶段表现为愿意接受处罚，由公安机关记录在案并在起诉意见书中写明有关情况；在审查起诉阶段表现为同意量刑建议，签署认罪认罚具结书；在审判阶段表现为确认自愿认罪认罚，积极弥补犯罪所造成的损失，接受刑罚处罚。

“认罚”考察的重点是犯罪嫌疑人、被告人的悔罪态度和悔罪表现。犯罪嫌疑人、被告人退赃退赔、赔偿损失、履行财产刑是否到位，是判断犯罪嫌疑人、被告人认罚程度的重要考虑因素。被告人对审判程序的选择以及被告人确无能力退赃退赔、赔偿损失、履行财产刑的，不影响“认罚”的认定。

6. 认罪与认罚的关系。“认罪”与“认罚”是有机联系的统一整体，认罪是认罚的前提和基础，认罚体现认罪的态度和价值。认罪而不认罚，认罚而不认罪，都不符合认罪认罚从宽制度的适用条件。

7. 不属于认罪认罚的情形。下列情形，不属于“认罪认罚”：

（1）犯罪嫌疑人、被告人否认指控的犯罪事实的；

（2）犯罪嫌疑人、被告人犯数罪，但仅如实供述其中一罪或部分罪名犯罪事实的；

（3）犯罪嫌疑人、被告人如实供述自己主要犯罪事实，但未如实供述其他影响定罪量刑的次要犯罪事实的；

（4）犯罪嫌疑人、被告人虽然如实供述自己犯罪事实，但拒不交待自己真实身份的；

（5）犯罪嫌疑人、被告人对指控的犯罪事实没有异议，但认为自己的行为不构成犯罪或者不认可检察机关指控的罪名，不接受量刑建议的；

（6）犯罪嫌疑人、被告人表面上认罪认罚，但有违反取保候审、监视居住规定，或者干扰证人作证，毁灭、伪造证据，串供等影响刑事诉讼活动正常进行的行为的；

（7）犯罪嫌疑人、被告人表面上认罚，但隐匿、转移财产，拒不退赃退赔、赔偿损失、缴纳财产刑保证金的。

三、关于从宽的把握

被告人认罪认罚的，可以从宽处理。从宽处理既包括实体上从宽处罚，也包括程序上从宽处理。

8. 可以从宽。认罪认罚可以从宽，应当理解为一般应当从宽，没有特殊理由的，应当体现法律规定和政策精神，予以从宽处理。但可以从宽，并非一律从宽，对认罪认罚的被告人，应当根据案件事实和法律规定综合考量是否从宽，对于罪行严重、主观恶性深的被告人，认罪认罚不足以从宽的，应当依法惩处。

9. 依法从宽。认罪认罚从宽是依法从宽，而不是法外从宽。实体上，人民法院对认罪认罚的被告人，应当依照刑法、刑事诉讼法和有关司法解释的基本原则和具体规定，根据犯罪的事实、性质、情节和对社会的危害程度，结合法定、酌定的量刑情节，综合考虑认罪认罚的具体情况，依法确定从宽的限度和幅度。

程序上，对认罪认罚的犯罪嫌疑人、被告人从宽处理，一是可以简化诉讼程序。认罪认罚的犯罪嫌疑人、被告人享有程序选择权，轻罪案件可以适用速裁程序等获得及时审判。二是强制措施适用相对宽缓。同等条件下对认罪认罚的犯罪嫌疑人、被告人可以优先适用非羁押强制措施。三是附条件提前终止诉讼。犯罪嫌疑人自愿如实供述涉嫌犯罪事实，有重大立功或者案件涉及国家重大利益的，经最高人民检察院核准，公安机关可以撤销案件，人民检察院可以作出不起诉决定或对涉嫌数罪中的一项或者多项不起诉。

10. 从宽的具体把握。对认罪认罚被告人从宽处罚，应当根据被告人认罪认罚的主动性、及时性、全面性、稳定性，是否确有悔罪表现，以及对司法机关及时侦破案件、指控犯罪的作用等，综合考量确定从宽的限度和幅度。

认罪认罚的被告人，同时具有自首、坦白情节的，对其从宽时不应重复评价“认罪”的情节，而应当根据自首、坦白情节的具体情况，结合“认罚”情节，综合确定从宽的限度和幅度。对具有自首等法定情节的认罪认罚被告人，在法定刑幅度内从轻处罚罪刑仍然不相适应的，可以减轻处罚。

对不具有法定减轻处罚情节的认罪认罚被告人，应当在法定刑幅度内从轻处罚；对其中犯罪情节轻微不需要判处刑罚的，可以免予刑事处罚。

被告人在不同诉讼阶段认罪认罚的，从宽幅度应当有所区别。在侦查阶段认罪，到审判阶段始终认罪认罚的，可以在综合考虑全案事实及其他量刑情节作出拟宣告量刑的基础上20%以下从宽处理；从审查起诉阶段开始到审判阶段认罪认罚的，可以在15%以下从宽处理；在审判阶段后才认罪认罚的，可以在10%以下从宽处理。对《江苏省高级人民法院〈关于常见犯罪的量刑指导意见〉实施细则》中规定的罪名，被告人在不同诉讼阶段认罪认罚的，应当根据量刑规范化的要求，综合考虑其他量刑情节确定基准刑后，根据认罪认罚的具体情况确定对基准刑从宽调节的限度和幅度。

11. 不予从宽的情形。下列情形，被告人即使认罪认罚也可以不予从宽：

（1）实施严重危害国家安全犯罪、故意危害公共安全犯罪、涉众型犯罪、恐怖主义犯罪等，情节特别恶劣的；

（2）犯罪性质恶劣、作案手段残忍、社会危害严重的；

（3）犯罪嫌疑人、被告人主观恶性深，人身危险性大的。

四、关于办理认罪认罚刑事案件的基本原则

12. 贯彻宽严相济刑事政策。办理认罪认罚案件，应当根据犯罪的具体情况，区别案件性质、情节和对社会的危害程度，实行区别对待，做到该宽则宽，当严则严，宽严相济，罚当其罪。对于可能判处三年有期徒刑以下刑罚的轻罪案件，要依法从简从快从宽办理；对因民间矛盾纠纷引发，双方达成谅解和解，被告人自愿如实认罪、真诚悔罪且尚未严重影响群众安全感的案件，要积极适用认罪认罚从宽制度，特别对其中社会危害不大的初犯、偶犯、过失犯、未成年犯，一般应当充分体现从宽政策；对严重暴力犯罪、严重危害社会治安犯罪案件，以及被告人前科累累、屡教不改、主观恶性深的案件，适用认罪认罚从宽制度应当慎重、从严把握，避免案件处理不符合人民群众的公平正义观念。对于涉及社会敏感因素、复杂背景、隐藏风险的案件，要妥善把握认罪认罚从宽，避免简单化处理。

13. 坚持罪责刑相适应原则。办理认罪认罚案件，应当根据犯罪的事实、性质、情节、后果，以及认罪认罚的具体情况，依照法律规定准确裁量刑罚，确保刑罚的轻重与犯罪分子所犯罪行、应当承担的刑事责任相适应，避免罪刑失衡。一方面要准确把握认罪认罚的具体情况，根据被告人是到案即供述还是多次讯问后供述，始终稳定供述还是时供时翻，主动带领侦查人员找到案件的重要物证、人证还是被动认罪等，来确定从宽的限度和幅度；另一方面要准确把握罪行的严重程度，根据被告人所犯罪行的轻重，人身危险性及刑事责任的大小来确定是否从宽，如何从宽。

14. 坚持证据裁判原则。办理认罪认罚案件，必须坚持贯彻证据裁判原则。犯罪嫌疑人、被告人认罪的，办案机关应当依法全面收集、固定、审查、运用证据，人民法院要按照法定程序、法定标准认定和采信证据。对于认罪认罚案件，作出有罪判决应当严格坚持“事实清楚，证据确实、充分”的法定证明标准，切实防止因为被告人认罪而降低证据要求和证明标准，对本因“疑罪从无”的案件从轻处理，坚决防范冤假错案。

五、关于办理认罪认罚刑事案件的总体要求

15. 积极稳妥适用。各级人民法院要切实强化思想认识，严格落实公正司

法、依法办案的要求，正确理解修订后刑事诉讼法的立法本意，不曲解法律规定和随意作出扩张、限制解释，统一思想和执法尺度，积极稳妥地推动认罪认罚从宽制度贯彻落实。

16. 注重权利保障。各级人民法院办理认罪认罚案件，应当坚持公正与效率相统一，充分保障被告人的辩护权和其他诉讼权利，确保被告人获得法律帮助的权利，充分表达意见的权利，自愿认罪认罚的权利，程序选择的权利等得到有效实现；充分保障被害人的合法权益，充分听取并考虑被害人及其诉讼代理人的意见，维护公共利益，确保司法公正。

17. 加强协作配合。各级人民法院要加强与人民检察院、公安机关、司法行政机关的协作配合，坚持分工负责、互相制约的原则，完善沟通协调机制，注重信息互通、情况反馈，充分运用信息化平台等手段确保刑事诉讼各环节有效衔接、快速运转，推进认罪认罚案件快速办理。

六、关于值班律师法律帮助

18. 值班律师职能定位。值班律师是法律援助的一种形式，其职责定位是提供法律帮助，不出庭履行辩护职责。值班律师服务的对象是没有辩护人的犯罪嫌疑人、被告人，不受案件类型、涉嫌罪名、可能被判处刑罚的限定，人民法院不得对值班律师提供法律帮助作出额外的限制。值班律师制度适用于刑事诉讼的各个阶段，审判阶段的各个程序。

19. 派驻值班律师。法律援助机构可以在人民法院、看守所等场所派驻值班律师，人民法院应当为派驻值班律师提供专门的办公条件和便利。人民法院可以协调法律援助机构根据法律帮助需求量和当地律师资源状况合理安排值班律师，探索值班律师定期值班和轮流值班，现场值班和电话、网络值班相结合的值班方式。

20. 人民法院职责。人民法院应当保障认罪认罚的被告人获得值班律师法律帮助的权利，被告人没有委托辩护人，法律援助机构没有指派律师为其提供辩护的，人民法院应当依法通知值班律师为其提供法律帮助。

人民法院应当告知被告人有权约见值班律师，为被告人约见值班律师提供必要的便利。人民法院通知值班律师见面、提供法律意见等，应当至少提前一天通知。

21. 值班律师职责。办理认罪认罚案件，值班律师应当为被告人提供下列法律帮助：

（1）提供法律咨询，包括告知指控的罪名、相关法律规定和具体法律后果；认罪认罚的性质和适用认罪认罚后的量刑减让；程序选择的权利及适用认罪认罚后的程序简化等；

（2）提出程序适用及案件处理的建议；

（3）帮助申请变更强制措施；

（4）就案件有关情况，向人民法院提出意见；

（5）法律法规规定的其他事项。

值班律师可以依法会见被告人。值班律师应当充分履行告知义务，便于被告人了解认罪认罚的性质和法律后果。值班律师应当按照人民法院规定的时间参加诉讼活动，提交相关诉讼材料，及时、有效地提供法律帮助。值班律师提供法律咨询、阅卷、提出书面意见等法律帮助活动的相关情况应当记入值班律师工作台账或形成工作卷宗，并随案移送。

22. 转任辩护人。被告人申请值班律师为其提供辩护的，法律援助机构经审查认为符合法律援助条件的，可以指派值班律师为其提供辩护，但值班律师为认罪认罚案件的同案被告人或者未同案处理但实施的犯罪存在关联的被告人提供过法律帮助的除外。值班律师不得欺骗、诱导被告人委托其担任辩护人。

23. 拒绝法律帮助的处理。被告人没有委托辩护人，坚持自愿认罪认罚，拒绝值班律师法律帮助的，人民法院应当允许并记录在案。

七、关于社会危险性的评估和处理

24. 强制措施的适用。人民法院应当将被告人认罪认罚的具体情况，作为是否可能发生社会危险性的考虑因素，根据认罪认罚的主动性、及时性、全面性、稳定性、有效性等方面，综合评判被告人的人身危险性。

25. 应当逮捕的情形。具有下列情形之一的，即使被告人认罪认罚，也应当予以逮捕：

（1）有证据证明有犯罪事实，可能被判处十年有期徒刑以上刑罚的，或者有证据证明有犯罪事实，可能被判处有期徒刑以上刑罚，曾经故意犯罪或者身份不明的；

（2）被告人有故意实施新的犯罪，企图自杀、逃跑等严重违反取保候审、监视居住规定的行为的；

（3）其他依法应当予以逮捕的情形。

26. 社区矫正调查评估。被告人认罪认罚，人民法院拟宣告缓刑，但公安机关、人民检察院未委托开展社区矫正调查评估，人民法院经审查认为有必要的，应当及时委托被告人居住地的县级司法行政机关进行社区矫正调查评估。

司法行政机关出具的调查评估意见，是人民法院宣告缓刑的重要参考。适用速裁程序审理的案件，人民法院在判决前未收到司法行政机关调查评估报告，经审理认为被告人符合缓刑适用条件的，可以依法宣告缓刑。

八、关于被害方权利保障

27. 听取意见。人民法院办理认罪认罚案件，被告人没有与被害人达成调解、和解协议或者赔偿被害人损失、取得被害人谅解的，人民法院应当将起诉书、人民检察院量刑建议及认罪认罚具结书等材料及时送达被害人及其诉讼代理人并听取意见。被害人及其诉讼代理人提出异议的，人民法院应当记录在案。

被害人下落不明，无法找到或者拒绝发表意见的，可不听取被害人及其诉讼代理人意见；被害人人数众多，超过三十人以上的，可以听取部分被害人及其诉讼代理人意见。

28. 被害人意见的处理。人民法院应当切实保障被害人的权益，将被告人是否与被害人达成调解、和解协议或者赔偿被害人损失、取得被害人谅解，作为判决的重要考虑因素。被告人认罪认罚，但没有赔礼道歉、退赃退赔、赔偿损失，未能与被害人达成调解或者和解协议的，在从宽时要严格把握。

被害人及其诉讼代理人不同意对认罪认罚的被告人从宽处理的，不影响认罪认罚从宽制度的适用，但应当作为对被告人确定从宽幅度的重要考虑因素。

被告人自愿认罪并且愿意赔偿损失，由于被害人赔偿请求明显不当，未能达成调解或者和解协议的，一般不影响对被告人从宽处理。

九、关于认罪认罚自愿性真实性的审查

犯罪嫌疑人、被告人认罪认罚，应当是基于其真实意志，在明确认识、充分理解认罪认罚行为性质和法律后果的前提下，在充分获得相关信息的基础上，自愿作出的选择。

29. 人民法院的告知义务。人民法院对人民检察院移送的认罪认罚案件，在送达起诉书时应当告知被告人享有的诉讼权利和认罪认罚的法律规定，并询问被告人是否自愿认罪认罚，认罪认罚具结书是否是其本人自愿签署。

30. 告知的具体要求。告知认罪认罚的法律规定，应当明确告知认罪认罚从宽制度的性质，适用条件以及可以获得从宽处理的后果，包括认罪认罚后可以优先适用非羁押强制措施，可以选择获得快速办理、及时审判等。告知应当全面告知，书面告知的应当充分释明。

31. 认罪认罚的自愿性真实性审查。被告人认罪认罚的，开庭时审判人员应当告知被告人享有的诉讼权利和认罪认罚的性质，以及认罪认罚的法律后果，询问被告人是否自愿认罪认罚，签署认罪认罚具结书是否自愿，有无因受到引诱、威胁等而违背意愿认罪认罚，并从以下三个方面核实被告人认罪认罚的自愿性真实性：一是审查公安机关、检察机关是否履行告知义务；二是审查值班律师或者辩护人是否提供了有效的法律帮助或者辩护；三是审查值班律师或者辩护人是否与检察机关进行了沟通，并在场见证认罪认罚具结书的签署。

为确保认罪认罚的自愿性、真实性，防止冒名顶替、非自愿认罪认罚，必要时，审判人员在庭审中可以根据具体案情，围绕定罪量刑的关键事实，对被告人认罪认罚的自愿性、真实性等，选择案件部分事实细节进行要素式发问，确认被告人是否实施犯罪，是否真诚悔罪。

32. 违背自愿性真实性的处理。对公安机关违反告知义务，或可能采用暴力、威胁、引诱、欺骗等方式导致犯罪嫌疑人违背意愿认罪认罚的，人民法院应当严格审查相关证据。对讯问笔录等相关证据有未记录告知等瑕疵的，应当

要求公安机关补正或者作出合理解释，不能补正或者作出合理解释的，不得作为定案的根据；对于可能存在以非法方法收集证据情形的，应当启动非法证据排除程序。

对人民检察院违反告知义务，可能导致犯罪嫌疑人违背意愿认罪认罚的，人民法院应当在查明案件事实证据的基础上依法作出判决。

33. 认罪认罚的反悔和撤回。办理认罪认罚案件，被告人认罪认罚并签署认罪认罚具结书后，在判决前又反悔而撤回的，人民法院应当允许，但应当向被告人说明撤回的后果，包括可能被采取羁押强制措施、不再享有因此带来的量刑从宽，不得再主张适用速裁程序等，确保被告人知悉撤回认罪认罚的后果。

对于认罪认罚后又撤回的被告人，应当坚持庭审实质化，确保公正审判，不得以“不认罪认罚”为由对其从严处罚，其签署的认罪认罚具结书不得作为证据使用。

十、关于量刑建议的审查

34. 审查的内容。办理认罪认罚案件，人民法院应当审查人民检察院提出的量刑建议是否全面、具体，是否包括主刑、附加刑，并明确刑罚执行方式；建议适用缓刑的，是否一并提供对犯罪嫌疑人的社会调查评估报告或委托评估调查函。

35. 财产刑保证金。量刑建议涉及财产刑，被告人认罪认罚，同意量刑建议的，应当在判决前缴纳不少于量刑建议中建议财产刑数额的保证金，确保财产刑能够得到执行，但被告人确无缴纳能力的除外。

36. 量刑建议的采纳。对于认罪认罚案件，人民法院依法做出判决时，一般应当采纳人民检察院指控的罪名和量刑建议；但有下列情形之一的，人民法院应当依法作出判决：

（1）被告人的行为不构成犯罪或者不应当追究其刑事责任的；

（2）被告人违背意愿认罪认罚的；

（3）被告人否认指控的犯罪事实的；

（4）起诉指控的罪名与审理认定的罪名不一致的；

（5）其他可能影响公正审判的情形。

对于人民检察院起诉指控的事实清楚，量刑适当，但指控的罪名与审理认定的罪名不一致的，人民法院可以征求人民检察院、被告人及其辩护人对审理认定罪名的意见，控辩双方无异议的，可以采纳人民检察院的量刑建议作出判决。

37. 量刑建议的调整。人民法院经审理认为量刑建议明显不当，或者被告人、辩护人对量刑建议提出异议且有依据的，应当建议人民检察院调整量刑建议，调整量刑建议的意见可以口头告知。人民检察院不调整量刑建议或者调整量刑建议后仍然明显不当的，人民法院应当依法作出判决。

十一、关于证据要求和证明标准

38. 证据收集。对犯罪嫌疑人认罪的案件，应当依照裁判的证明标准依法全面收集、调取犯罪嫌疑人有罪或者无罪、罪重或者罪轻的证据材料，通过获取口供，进一步及时、全面收集固定其他补强证据，完善证据链条；防止因过分依赖犯罪嫌疑人口供定案，未及时全面收集证据，导致案件事实不清、证据不足。

39. 证据审查。办理认罪认罚案件，人民法院应当严格审查案件事实证据，严格审查判断被告人有罪供述的真实性，以及综合全案证据是否达到“事实清楚，证据确实、充分”的证明标准，确保被告人供认的有罪事实，人民检察院指控的犯罪事实与人民法院审理查明的犯罪事实相一致。

十二、关于程序适用

对认罪认罚案件，应根据案件的具体情况，分别适用速裁程序、简易程序或者普通程序。

40. 速裁程序适用条件。基层人民法院管辖的可能判处三年有期徒刑以下刑罚的案件，案件事实清楚，证据确实、充分，被告人认罪认罚并同意适用速裁程序的，可以适用速裁程序，由审判员一人独任审判。

有下列情形之一的，不适用速裁程序：

（1）被告人是盲、聋、哑人，尚未完全丧失辨认或者控制自己行为能力的精神病人的；

(2) 被告人是未成年人的；

(3) 案件有重大社会影响的；

(4) 共同犯罪案件中部分被告人对指控事实、罪名、量刑建议或者适用速裁程序有异议的；

(5) 被告人与被害人或者其法定代理人没有就附带民事赔偿等事项达成调解或者和解协议的；

(6) 其他不宜适用速裁程序审理的。

41. 简易程序适用条件。对于被告人认罪认罚，案件事实清楚，证据确实、充分的案件，符合下列情形之一的，人民法院在征得被告人同意后，可以适用简易程序：

(1) 可能判处三年以上有期徒刑刑罚的；

(2) 被告人系未成年人的；

(3) 被告人与被害人或者其法定代理人没有就附带民事赔偿等事项达成调解或者和解协议的。

42. 普通程序适用条件。对于被告人认罪认罚，案件事实清楚，证据确实、充分的案件，符合下列情形之一的，人民法院应当适用普通程序：

(1) 辩护人进行无罪辩护，被告人不同意无罪意见，坚持认罪认罚的；

(2) 被告人是盲、聋、哑人，或者是尚未完全丧失辨认或者控制自己行为能力的精神病人的；

(3) 案件有重大社会影响的；

(4) 共同犯罪中其他被告人不认罪或者对适用速裁及简易程序有异议的；

(5) 可能判处无期徒刑以上刑罚的；

(6) 属于危害国家安全案件、恐怖活动案件的；

(7) 其他不宜适用速裁程序、简易程序的。

对于上述案件适用普通程序进行审理的，不影响对被告人适用认罪认罚从宽制度予以从宽处理。

43. 程序审查。对于人民检察院提起公诉时建议人民法院适用速裁程序或简易程序审理的案件，人民法院应当审查人民检察院是否提供起诉书、量刑建议书、认罪认罚具结书、全案证据材料、调查评估报告或者委托评估调查函、辩护意见或值班律师法律帮助意见、被害方意见以及适用速裁、简易程序建议书等材料。

对于人民检察院书面建议适用速裁程序审理的案件，人民法院经审查发现案件有不宜适用速裁程序的情形，应当依法决定按照简易程序或普通程序审理，并通知人民检察院、被告人及其辩护人。

44. 审判阶段认罪认罚。被告人在侦查、审查起诉阶段没有认罪认罚，但在开庭前表示自愿认罪，愿意接受处罚，人民法院经审查认为可能符合认罪认罚从宽制度适用条件的，应当征询人民检察院意见。人民检察院同意的，可以按照认罪认罚案件办理。

被告人在侦查、审查起诉阶段没有认罪认罚，当庭认罪，愿意接受处罚的，人民法院应当根据审理查明的事实，就定罪和量刑听取控辩双方意见，依法作出裁判。

45. 速裁程序办理流程。人民法院对于人民检察院书面建议适用速裁程序审理的案件，应于收案当日或次日决定是否立案。适用速裁程序审理的案件，人民法院应当及时确定开庭日期，在向被告人送达起诉书时一并送达权利义务告知书、开庭传票，并核实被告人自然信息等情况，告知权利，听取意见。上述活动应当在送达起诉书笔录中载明。人民法院根据需要，可以集中送达。

人民法院可以根据案件情况，集中审理速裁案件。开庭审理时，应当核实被告人身份信息，对于在送达起诉书时已经核实被告人其他自然情况信息的，可以不再进行当庭核实，但应当在庭审中予以说明；集中开庭审理的，可以向各被告人一并告知参加庭审人员名单、交代诉讼权利义务，听取被告人、辩护人有无申请回避的意见，但应当逐案审理。公诉人可以简要宣读起诉书，一般不进行法庭调查、法庭辩论；在公诉人宣读起诉书、量刑建议和社会调查评估意见后，审判人员应当当庭询问被告人对指控事实、证据、量刑建议及适用速裁程序的意见，听取辩护人意见，听取被告人最后陈述。

人民法院适用速裁程序审理案件，应当当庭宣判。集中开庭审理的，在逐案审理后，可以集中当庭宣判，宣判后可以当场送达判决书。适用速裁程序审理案件，审理报告可以省略，可以采用格式化的裁判文书。

适用速裁程序办理案件，被告人已被取保候审、监视居住且审判期间取保候审、监视居住期限尚未届满的，人民法院不需要重新办理取保候审、监视居住手续。

46. 简易程序、普通程序流程简化。对于适用简易程序审理的认罪认罚案件，开庭时公诉人可以简要宣读起诉书，公诉人、辩护人、审判人员对被告人的讯问可以简化或者省略，法庭调查可以简化，仅对证据名称及证明内容进行说明，法庭辩论仅围绕有争议的问题进行。审判人员可以根据案件情况简化审理报告和裁判文书。

对于按照普通程序审理的认罪认罚案件，开庭时公诉人可以简要宣读起诉书，公诉人、辩护人、审判人员对被告人的讯问可以简化，仅围绕有争议的问题进行。法庭调查可以简化，对控辩双方无异议的证据，可以仅就证据名称及证明内容进行说明；对控辩双方有异议，或者法庭认为有必要调查核实的证据，应当出示并进行质证。法庭辩论可以简化，仅围绕有争议的问题进行，审判人员可以根据案件情况简化审理报告。

办理认罪认罚案件，被告人已被取保候审、监视居住且审判期间取保候审、监视居住期限尚未届满的，人民法院不需要重新办理取保候审、监视居住手续。

47. 程序转换。人民法院在办理速裁程序案件中，发现被告人有可能被判处三年有期徒刑以上刑罚、系未成年人或者未与被害方达成调解或者和解协议等情形，或者审理过程中案件量刑情节发生变化，需要进行法庭调查、法庭辩论的，应当在征得被告人同意后，转为简易程序办理；对于人民检察院不调整量刑建议或调整后仍然明显不当，人民法院拟依法做出判决的，可以不变更诉讼程序。

人民法院在办理速裁程序或者简易程序案件中，发现被告人的行为可能不构成犯罪或者不应当追究其刑事责任，被告人违背意愿认罪认罚，被告人否认指控的犯罪事实，案件事实不清、证据不足，或者其他不应当适用速裁程序、简易程序情形的，应当转为普通程序办理。

48. 二审审理方式。对一审以速裁程序审理的案件，被告人提出上诉但对犯罪事实及证据、认罪认罚自愿性等无上诉意见的，二审一般不开庭审理，但应当听取上诉人及其辩护人的意见。二审案件一般应当在立案后十五个工作日内审结。

49. 未成年人特别程序。人民法院办理认罪认罚的未成年人案件，应当听取未成年被告人的法定代理人的意见。法定代理人无法到场的，应当听取合适成年人的意见，立案时被告人已经成年的除外。

未成年犯罪嫌疑人、被告人认罪认罚，但其法定代理人、辩护人对未成年人认罪认罚有异议的，不影响认罪认罚从宽制度的适用。

十三、关于重罪案件的认罪认罚

对可能判处无期徒刑以上刑罚的案件，犯罪嫌疑人、被告人认罪认罚的，可以适用认罪认罚从宽制度。

50. 民间矛盾纠纷引发的重大案件。对于因民间矛盾纠纷引发的故意杀人、故意伤害致人死亡等重大犯罪案件，被告人没有其他法定、酌定从宽处罚情节，依法可能判处无期徒刑以上刑罚直至死刑，其自愿认罪认罚，积极向被害方赔礼道歉、赔偿被害方经济损失取得被害方谅解，人民检察院建议对其从宽处罚的，人民法院一般应当采纳检察机关的量刑建议，但被告人犯罪情节极其恶劣如采用极其残忍手段致人死亡的，犯罪后果极其严重如造成多人死亡的，或者从宽处罚影响社会公平正义，损害社会公序良俗或司法公信力的除外。

51. 认罪认罚对定案有重要作用的毒品犯罪案件。对于重大毒品犯罪案件，有证据证明被告人实施了指控的犯罪行为，但缺乏其他直接关键客观证据证明，被告人认罪认罚对定案起重要作用，使案件证据相互印证，证据链条完整形成，达到“事实清楚，证据确实、充分”证明标准，检察机关建议对被告人从宽处罚的，人民法院一般应当采纳检察机关的量刑建议。同时，应当准确把握此类案件与疑罪案件的界限，对于被告人认罪认罚仍然达不到“事实清楚，证据确实、充分”的证明标准的，不得以被告人认罪认罚而作疑罪从轻处理。

十四、关于配套措施

52. 信息化建设。人民法院应当充分利用信息化大数据，完善智能辅助办案系统，构建特色办案流程，提升案件办理质效。要结合量刑规范化改革，出台更多常见罪名的量刑指导意见，适时完善认罪认罚案件量刑规则，细化刑罚特别是非监禁刑适用标准，提高刑罚裁量的科学性。

53. 实践探索。各地区人民法院可以积极探索创新，会同各地人民检察院、公安机关、司法行政机关推广适用一步到庭、刑拘直诉等经验做法，在本地区内出台细化实施细则，推进认罪认罚从宽制度有效施行。

十五、附则

本指导意见自下发之日起执行，执行过程中如发现问题，应及时层报上级人民法院。指导意见下发后，法律及司法解释、规范性文件有新的规定的，适用新规定。

[司法实务问题研究]

污染环境罪的司法适用研究

——以C市污染环境罪案件为样本

陈　立　牟其香*

近年来，生态环境保护成为全国关注热点，环境污染类案件呈爆发式增长，以污染环境罪最为突出，2016年全国法院审理污染环境罪案件1446件，2017年审理污染环境罪案件1688件，同比增长16.74%。本文选取了2016年以来C市污染环境罪案件已生效判决26件为样本，分析当前环境资源刑事司法保护中污染环境罪存在的问题，并进一步提出建议，以期对污染环境罪的司法适用提出具有可行性的建议。

一、C市污染环境罪的现状

（一）C市26件样本判决污染环境罪的现状

1. 主刑、罚金人数及比例。在C市污染环境罪案件已生效的26件判决中，犯罪人数共计51人，其中拘役的2人，占总人数的3.92%；一年以下有期徒刑的35人，占被判处徒刑总人数的81.40%；一年以上两年以下有期徒刑的8人，占被判处徒刑总人数的18.60%；适用缓刑的有21人，占比48.84%；

* 作者单位：四川省成都市中级人民法院。

罚金51人，占总人数的100%；其中单处罚金的有6人，占总人数的11.76%（见表1）。

表1 主刑、罚金人数及比例

主刑、罚金人数及比例	罚金		拘役	一年以下有期徒刑	一年以上两年以下有期徒刑	适用缓刑
	罚金	单处罚金				
人数	51	6	2	35	8	21
比例	100%	11.76%	3.92%	81.40%	18.60%	48.84%

2. 罚金刑情况。根据刑法三百三十八条的规定，“严重污染环境的”可以并处或者单处罚金，“后果特别严重的”并处罚金。在C市样本案件中，罚金金额在五千元以下的有5人，占比9.80%；五千到一万的有20人，占比39.22%；一万到两万的有13人，占比25.49%；两万到三万的有5人，占比9.80%；三万到七万的有8人，占比15.69%。其中单处罚金的有6人，包括一人单处罚金五万，由行政罚款抵扣；三人单处罚金七万元；一人单处罚金六万；一人单处罚金四万。可见，罚金金额集中于五千元至一万元，且最高金额也相对较低（见表2）。

表2 罚金刑人数及比例（不含单位罚金）

罚金金额	五千以下	五千～一万	一万～两万	两万～三万	三万～七万
人数	5	20	13	5	8
比例	9.80%	39.22%	25.49%	9.80%	15.69%

3. 量刑情节适用情况。污染环境罪的量刑情节较多，包括自首、坦白、从犯、赔偿等。且多数被告人不止一个量刑情节，从总体上看，污染环境罪的

被告人的认罪态度较好，具备从轻情节的较多，只有极少数具有从重情节（见表3）。

表3　量刑情节适用人数及比例

量刑情节	从重	从轻			
	累犯	自首	坦白	从犯	认罪
人数	1	18	14	3	32
比例	1.92%	34.62%	26.92%	5.77%	61.54%

4. 环境污染的治理情况。在26件样本判决中，有5件案件的环境得到一定程度的治理，其中1件刑事附带民事诉讼，对受损民事主体进行赔偿；1件主动进行无害化处理；1件主动缴纳治理污染的费用；1件主动整改；1件在诉讼中主动赔偿损失。

（二）C市污染环境犯罪刑事司法保护存在的问题

从上述表1、表2、表3的数据及分析可见，C市污染环境罪案件相对较少，被告人被判处的刑期较短，适用缓刑比例高，罚金金额集中于五千至一万元，普遍偏低，对被污染的生态环境主动采取修复治理措施的案件较少。虽然在一定程度上打击了污染环境犯罪行为，但是刑罚的惩治、教育功能发挥的并不理想，生态环境并未得到实质性的治理与修复，其取得的效果并不是很显著，主要存在以下几方面的问题。

1. 重定罪轻量刑，罚金金额偏低。虽然污染环境罪属于非暴力犯罪，其最高刑罚等级为三年以上七年以下有期徒刑，但是通过表1可以发现，一年以下有期徒刑的占比高达81.40%，一年以上两年以下有期徒刑的占比18.60%，且适用缓刑的占比48.84%。在罚金刑中，通过表2可见，罚金金额在五千至一万的占比高达39.22%，一万至两万的占比25.49%，虽然三万至七万的有8人，占比达15.69%，但是包含6人单处罚金，并且其中有1人是单处罚金由行政处罚款相抵。虽然表3中样本判决的被告人的认罪态度较好，自首、坦白的较多，但是从整体而言，污染环境罪出现重定罪轻量刑且罚金金额偏低的现象，环境损失与罚金金额不成正比，犯罪成本偏低。

2. 环境损害并未得到有效修复与治理。在26件样本判决中，只有5件案件的环境损害得到了一定程度的修复或者赔偿损失，且赔偿损失是当前污染环境损害救济的主要方式。环境损害结果具有潜伏性、滞后性、聚集性与扩散性，在污染环境行为发生后，具体的环境损害结果可能要经过很长一段时间才会被社会大众所感知，例如非法排放含重金属的废水进入河流，因为河流的流动性，所排放的废水已经经过河流被稀释或者流入下河，污染物质在生态系统中进行了一定程度上的扩散、吸收或转化，再加上环境损害的取证、鉴定困难或者成本高，环境损害后果难以固定，许多污染环境罪案件的环境损害并未得到修复与治理。

二、污染环境刑事司法保护效果偏离的原因分析

（一）开放的刑罚规定

刑法第三百三十八条对污染环境罪的法定刑设置了两档，一是严重污染环境的，处三年以下有期徒刑或者拘役，并处或者单处罚金；二是后果特别严重的，处三年以上七年以下有期徒刑，并处罚金。结合《关于办理环境污染刑事案件适用法律若干问题的解释》，刑法及司法解释对“严重污染环境”“后果特别严重的”作出了较为详细的规定，对入罪情形、量刑情节作出了较为详细的规定，但是并未对相应的主刑刑期、罚金刑幅度作出规定，此种开放的罚金刑规定，导致司法实践中，法官对罚金刑的适用都比较谨慎、保守。尤其是对罚金刑幅度的开放性规定，导致法官在裁判时难以把握标准，裁判尺度不一致，造成重定罪轻刑罚的现象。

（二）对法律条文的理解不同

司法实践中对刑法第三百三十八条规定的“违反国家规定”“严重污染环境”的理解存在不同认识。

1. “违反国家规定”的不同认识。实践中对“违反国家规定”存在两种观点，一种观点认为污染环境罪是法定犯，构成污染环境罪以其行为违反了国

家法律的规定为前提，那么达标排放行为则不构成污染环境罪；另一种观点认为在现有背景下，污染环境罪在某种程度上已像盗窃、诈骗等传统自然犯一样，人们对污染环境罪的刑事违法性的认识不再依赖于法律的规定。在这种背景下，污染环境罪的成立不以“违反国家规定”为前提，“违反国家规定”仅表示排污企业主观恶性更深，是罪轻与罪重的情节。只要企业认识到或者应当认识到自己的排污行为可能导致严重污染环境，而轻信可能避免或者因疏忽大意没有遇见，结果造成了严重后果，就可以成立污染环境罪。如陕西凤翔县和河南济源市发生的“血铅事件”就是达标排放的结果。

2. “严重污染环境”的不同认识，污染环境罪是行为犯抑或结果犯争议。最高人民法院、最高人民检察院《关于办理环境污染刑事案件适用法律若干问题的解释》（以下简称《司法解释》）第一条对“严重污染环境”列举了十七种具体情形，实践中对其是属于行为要素还是结果要素则存在不同认识，前八种列举情形将“严重污染环境”理解为描述污染行为严重程度的行为要素，后九种情形则将“严重污染环境”表达为污染后果严重的结果要素。“严重污染环境”解释中的行为属性情形与结果属性情形混杂导致了污染环境罪存在行为犯和结果犯交叉认定的问题。

在“严重污染环境”的行为属性情形中，一方面，描述直接污染行为严重性的判断标准是基于环保法律规定的形式性界定而非采取自然犯常见的危险实质判断；另一方面，单纯地以违反环保法律规定的间接行为特征如篡改数据等进行界定，与“严重污染环境”本身并不直接相关，也不会直接造成严重污染环境的后果，“重点排污单位篡改、伪造数据”或“违法减少防治污染设施运行支出费用”等都不能涵盖进“严重污染环境”的文义范围中，并不应然带来环境的严重污染，脱离了严重污染环境的实质含义，也扩张了污染环境罪的处罚范围。

在“严重污染环境”的结果属性情形中，司法解释中既有生态环境本身的损害结果情形，也有污染带来的人身或者财产损失情形，看似全面，但由于列举式解释的适用将带来适用时只能选择其中之一，导致直接结果与间接结果的混同，在实践认定上很可能导致忽视生态环境损害后果本身，造成无法将污染环境罪与同样造成人身或财产损失结果的相似犯罪如投放危险物质罪等区别开来。

上述对“严重污染环境”的不同认识，源自对污染环境罪所保护的法益及其保护形态没有明确的认识，《司法解释》对“严重污染环境”的解释正体现了实践中对污染环境罪所保护的法益以及其保护程度没有明确的认识，造成实践中认定标准忽高忽低。

（三）重定罪轻刑罚的司法理念

从上述表1、表2、表3可见，被判决有期徒刑的刑期较短，刑期集中于一年以下有期徒刑，且适用缓刑的比例近半。罚金刑的金额普遍偏低，集中于五千至一万，被告人所承担的刑事责任与其所造成的环境损害后果并不匹配，甚至还存在刑事审判无任何实质性刑事惩罚结果的情况。以个案为例，样本判决中有一份判决，其被告人被处以行政罚款5万元，后又因其行为涉嫌环境犯罪而被移送审查起诉，法院判决被告单处罚金5万元，由行政罚款抵扣。在该案中既然被告人被移送审查起诉，则说明其行为的违法性程度较大，刑法对其行为的评价结果应该大于行政法对其行为的评价结果，但是此案的裁判结果却是单处罚金，由行政罚款抵扣。此种裁判结果直接导致被告人并未遭受任何实质性的刑事处罚，刑事审判并未达到其应有的惩罚功能、教育功能和诉讼效果，也并未对环境保护产生任何实质性保护措施，更为重要的是还会产生刑事诉讼程序虚无化、无实际刑事惩罚的嫌疑。

（四）环境损失确定难

环境资源类案件其本身具有极强的专业性、技术性，除了要求较高的技术设备配置外，更要求行政执法人员、侦查人员等办案人员具备较丰富的科学技术知识和法律知识。

从技术性而言，我国环境行政执法的物质设备、技术人员配备出现参差不齐的现象。经济发达地区拥有雄厚的资金支持，自然具有先天的技术性优势，但是经济不发达或者经济欠发达地区才是污染环境行为的高发地区，技术方面的劣势自然导致环境损失难以确定，以致无法通过司法途径对环境损害采取补救措施。

从环境本身的累积性、流动性等特殊性而言，环境损害一般具有累积性，环境损害结果的显现往往是一个不断累积的过程，这种积累性往往会导致办案人员忽视环境损害结果，抑或因为环境损害结果不可实际测量而导致无法采取相应的补救措施。因此，环境资源类案件的技术性、累积性、流动性等特征导致环境损失确定较为困难。

（五）重办案轻宣传的工作方式

C市在污染环境罪刑事案件的办理中存在重办案轻宣传的“就案办案”的工作方式，宣传不到位，社会反响效果不理想。环境资源类案件具有社会性、公益性特征，高效、及时、良好的宣传将起到事半功倍的效果，通过高质量的裁判文书论证、高效到位的宣传，将会取得一般预防与特殊预防的双丰收。

三、完善污染环境刑事司法保护建议

对于污染环境罪司法实践中存在的法律、理念、技术等难题，法院谨慎地运用法律赋予的权力对环境资源进行保护，打击环境资源刑事犯罪行为。但是这并不能满足当前保护环境资源对司法的高需求，针对污染环境罪在司法实践中存在的问题，本文提出以下几点建议：

（一）多维度确定罚金刑限度和幅度

刑法及其司法解释并未明确污染环境罪的罚金刑限度和幅度，污染环境罪也并未纳入《关于常见犯罪的量刑指导意见》的罪名范围内，开放的罚金刑规定让污染环境罪的罚金金额忽高忽低，标准不统一。除了尽快完善法律规定以外，本文建议从以下三方面确定罚金刑金额：

1. 参照环境管理职能部门意见确定罚金刑金额。在法律及司法解释对罚金刑金额没有作明确规定的情况下，为解决当务之急，法院在确定罚金刑金额时可以参照环境管理职能部门的意见确定罚金刑金额。环境管理职能部门对污染环境行为的行政处罚金额标准可以作为确定罚金刑金额的参考依据之一。

2. 罚金刑的限度和幅度与违法所得、生态环境损害、公私财产损失按一定比例或系数计算。罚金刑以被告人的经济承受能力为限度，以违法所得、生态环境损害、公私财产损失情况按一定比例为幅度。其中已经实际排放到外界环境的比例高于污染物质尚未排放到外界环境的罚金折算比例，使得罚金刑金额与犯罪行为造成的环境损害后果相匹配。

3. 被告人对生态环境的修复行为及修复情况可以列入罚金刑、徒刑的酌定量刑情节。被告人主动对生态环境进行修复且经过专业鉴定确认已将生态环境修复至受损之前的状态的，可以降低经上述两点确定的罚金刑限度和幅度，在较低限度和幅度内确定罚金金额。若虽已采取修复措施，但是修复成果尚不确定的，可以在罚金刑限度和幅度内适度减少罚金刑金额，并在修复成果经专业机构鉴定核实后，根据不同的修复程度退还部分罚金。

（二）确定缓刑但书条款防止缓刑滥用

从表 1 可见，污染环境罪被判处一年以下有期徒刑的高达八成，缓刑适用比例近半，适用缓刑较多，则缓刑被滥用的风险较大，有必要确定缓刑但书条款防止缓刑滥用。本文从建议从以下几方面予以确定：一是曾被环境管理职能部门予以行政处罚或者被要求进行整改，仍然不停止违法行为、进行整改或者整改不到位的；二是采取篡改监测数据、减少防治污染设施运行支出、设置暗管偷排等方式的，采取此类方式进行偷排、漏排等逃避监管的行为，则说明其主观恶性较强，不宜适用缓刑；三是造成生态环境损失较大的或者污染特定保护区域的，例如造成生态环境损失金额较大或者在饮用水水源一级保护区、自然保护核心区排放、倾倒、处置有毒有害物质的，则说明其行为造成的损失较大、主观恶性较强，不宜适用缓刑；四是在本地区、本市影响较大的，因为群众对生态环境较为关注，出于营造严厉打击环境污染犯罪营造良好生态环境保护氛围的需要，不宜适用缓刑。

（三）引入恢复性司法理念

从对 26 件样本判决进行分析可见，只有 5 件案件中对受到损害的生态环境进行了赔偿、修护或治理，值得注意的是，这 5 件判决中只有 1 件是刑事附带民事公益诉讼案件。由此可见，C 市存在重刑事轻民事、重刑事惩罚轻环境治理保护的现象，而其余案件也存在轻刑化的问题，这种重刑事轻民事、重定罪轻刑罚的司法理念已经掣肘着环境资源的司法保护，由此我们应该树立恢复性司法理念，通过刑事审判打击环境资源犯罪，同时采取恢复性司法措施保护生态环境。

环境资源刑事司法保护的恢复性司法理念除了要做到罪责刑相适应之外，更深层次的含义在于实质化的保护生态环境。恢复性司法理念可以分为以下几方面：

一是在案件侦查阶段，侦查人员应该有意识地注重收集生态环境受损的证据，并严格依程序对生态环境受损的证据材料予以固定，夯实证据基础。并在侦查过程中或者结束后，主动与当地政府、环境管理职能部门等联系、沟通，争取对生态环境进行早期治理、修复。

二是在案件起诉阶段，检察机关应该对生态环境损失进行鉴定，确定生态环境损失，并劝导被告人主动进行赔偿或修复，并在有必要的情况下，联合行政机关及环境管理职能部门共同聘请专业机构对生态环境进行修复，做到环境污染的早预防、早治理、早修复，避免污染物质扩散、损失扩大。

三是在裁判中，法院可以充分发挥自由裁量权，创新刑罚辅助措施。例如可以增加补栽补种、增殖放流、劳务代偿、禁业禁止、停业整顿等辅助性措施。并且将被告人的环境修复行为及修复成果纳入酌定量刑情节，倒逼被告人主动采取措施修复生态环境。

四是在案件办理中加强宣传，营造环境保护的良好氛围。“就案办案”的司法模式并不能完全满足于环境保护的高需求，现有环境资源刑事保护也需要良好的宣传报道，将环境资源刑事司法保护成效广而告之，不失为一种绿色经济的环境预防措施。

例如宜宾市徐州区人民法院于 2018 年 11 月 12 日判决的一起非法捕获水产品的刑事附带民事公益诉讼案，该案是引入恢复性司法理念的优秀案件，创新了刑罚辅助措施，将修复情况纳入酌定量刑情节，并宣传到位，营造了保护环境的良好氛围。在诉讼中法院组织被告人与宜宾市徐州区畜牧水产局签订了生态修复协议，由被告人投放规格为 6－10 厘米的本地土著白鲢 1 万尾、草鱼 1 万尾、岩原鲤 1 万尾等，并承担增殖放流的生态修复费用，并由畜牧水产局负责监督落实增殖放流生态修复。在裁判中将被告人的修复行为纳入酌定量刑情节，并在案件办理过程中加强宣传报道，案件被中央电视台新闻联播报道，“以案释法”工作效果显著。

（四）探索、创新刑事附带民事公益诉讼

在社会公益组织不发达，由其提起环境民事公益诉讼不充分的情况下，检察机关提起刑事附带民事公益诉讼既可打击环境资源犯罪，又可以对生态环境进行实质性保护，可谓一举两得。并且检察机关在技术、资金、人员配备等物质条件上具有先天优势，检察机关提起刑事附带民事公益诉讼可谓是当前环境资源刑事司法保护的一道亮点。上述宜宾市徐州区人民法院判决的非法捕获水产品案就是对此的印证。但是由检察机关提起刑事附带民事公益诉讼还处于起步阶段，法律法规、程序性规定、责任承担方式等不完善，刑事附带民事公益诉讼还需要在司法实践中不断探索、创新。

[新类型疑难案例选评]

杜某过失致人死亡案

孔晶晶*

【裁判要旨】

司机在驾驶车门没有锁止的电动三轮车行驶过程中，与乘客发生争执后，乘客要求停车，司机应当预见如果不停车可能会发生乘客强行下车导致乘客人身伤害的后果，因为司机的疏忽大意没有停车，乘客从其驾驶的车辆上强行跳车致死，对司机的行为应定性为过失致人死亡罪。

【案情简介】

被告人杜某无证驾驶无号牌电动三轮车有偿搭载被害人陈某，沿河南省罗山县城行政中路由东向西行驶过程时，陈某与杜某发生口角，陈某在车辆行驶过程中跳车，摔倒在地，致其重度颅脑损伤当场死亡。杜某在发现陈某跳车摔倒后，驾驶车辆逃离现场，当日被公安机关抓获。

【审理结果】

河南省罗山县人民法院判决被告人杜某犯过失致人死亡罪，判处有期徒刑六年，被告人杜某于判决生效后赔偿附带民事诉讼原告人经济损失人民币22535元。宣判后，附带民事诉讼原告人提出上诉，二审法院经审理后裁定驳

* 作者单位：河南省罗山县人民法院。

回上诉，维持原判。

【裁判理由】

河南省罗山县人民法院一审认为，杜某在驾驶车门没有锁止的电动三轮车行驶过程中，在与被害人发生争执后，应当预见如不停车可能会发生被害人强行下车，从而产生人身伤害的后果，因为疏忽大意而没有停车，导致被害人从其驾驶的车辆上强行下车致死的后果。其行为符合过失致人死亡罪的构成要件，应以过失致人死亡罪追究其刑事责任。其到案后能如实供述自己的犯罪事实，依法可从轻处罚。对于附带民事诉讼原告人的经济损失应包括丧葬费、交通费共计22535元。

河南省信阳市中级人民法院二审认为，原判认定事实清楚、证据确实，定罪准确，量刑及附带民事部分处理适当，审判程序合法。遂裁定驳回上诉，维持原判。

［评析］

乘客与司机发生争吵后跳车身亡，对司机的行为应如何定性

在司法实践中，意外事件、过失致人死亡罪以及故意伤害（致人死亡）罪的界定非常复杂，本案主要有两个争议点：其一，是否构成意外事件，即罪与非罪的问题；其二，在构成犯罪的基础上，是构成过失致人死亡罪还是故意伤害（致人死亡）罪。

一、本案不构成意外事件

刑法上的意外事件是指行为在客观上虽然造成了损害结果，但是不是出于故意或者过失，而是由于不能抗拒或者不能预见的原因所引起的。意外事件在客观上是造成了危害结果，但是由于不能抗拒或者不能预见的原因所引起的。行为人在主观上并无犯罪故意或者过失。

意外事件在认识因素上是指对行为的结果无法预见或者不能抗拒，是否尽

到了注意义务，即行为人是否具有应当预见义务和是否具有预见能力。对此，刑法理论上一般主张主客观统一但以主观标准为主确定行为人的预见能力。所谓“应当预见”，是指行为人在行为时负有预见到行为可能发生危害结果的义务。这种预见的义务，来源于法律的规定，或者职务、业务的要求，或者公共生活准则的要求。应当注意的是，预见的义务是与预见的实际可能有机地联系在一起的，法律不会要求公民去做他实际上无法做到的事情，而只是对有实际预见可能的人才赋予其预见的义务。

本案中，杜某在驾驶车门没有锁止的电动三轮车行驶过程中，在与被害人陈某发生争执后，陈某要求其停车，其应当预见如不停车可能会发生被害人强行下车，从而产生人身伤害的后果，所以杜某在当时的情况下应该能够预见自己不停车的危害后果。而意外事件要求行为人无法预见自己行为的后果，显然，杜某的行为不能被定性为意外事件。所以被告人杜某的行为已经构成了刑法意义上的犯罪，不能再以意外事件对其进行免责，而应该追究其相应的法律责任。

二、过失致人死亡罪与故意伤害（致人死亡）罪的区分

过失致人死亡与故意伤害（致人死亡）的区别主要在于主观方面的特征。

在认识因素上，故意犯罪的行为人对于自己行为可能发生的危害结果在主观上是有认识的；而过失犯罪的行为人对于自己行为所可能导致的危害结果的发生则根本没有认识。这是区别故意犯罪和过失犯罪在认识因素上的关键所在。

在意志因素上，故意犯罪的行为人是希望或者放任危害结果的发生。行为人要么积极追求危害结果的发生；即使不是积极追求危害结果的发生，但是也不排斥危害结果的发生，而是持一种听之任之的心理态度。即明知自己的行为所可能导致危害结果的发生，而希望或者放任这种危害结果的发生，或者讲是明知故犯。过失犯罪在意志因素上是一种否定的心理态度，对于自己行为所导致的危害结果完全是排斥的，与其主观心理态度相违背。

三、行为人的行为不构成故意伤害罪

故意伤害罪在犯罪构成的主观方面的认识因素要求行为人明知自己的伤害

行为所可能产生的危害结果。结合本案，杜某在驾驶车门没有锁止的电动三轮车行驶过程中，在与被害人发生争执后，作为司机一般认为乘客不会在正在行驶的车辆上跳车，杜某不可能对自己不停车的行为所可能产生致人死亡危害后果是明知的。所以从案情来看，不能推定出被告人杜某明知自己的危害行为所可能产生的后果，也就是说，被告人杜某在主观认识上不符合故意伤害的犯罪构成要求。

故意伤害罪在主观方面的意志因素上要求被告人有伤害的故意，被告人杜某与被害人陈某初次相识，二人不存在积怨，从见面到案发的时间间隔也较短，彼此不至于产生过大的仇恨，二人只是发生口角争执。从主观意志上看，杜某不可能存在实施伤害陈某行为的故意。

四、行为人的行为构成过失致人死亡罪

过失致人死亡罪在主观方面的认识因素上规定行为人应当预见自己行为的危害后果，因为疏忽大意或者过于自信而没有预见。这里的认识因素有两层涵义，首先，行为人要有预见义务和预见能力；其次，行为因为疏忽大意或者过于自信而没有预见。

本案中，被告人杜某因故与被害人陈某发生争执，车辆行驶过程中陈某要求停车，杜某作为司机，其应当知道未按照乘客要求停车而对车辆行驶过车中跳车乘客可能产生的危害后果，但其是自认为陈某不敢跳车，所以他当然的负有注意义务或者预见义务。由此可见，被告人对于自己的行为所可能产生的危害后果是有预见能力的，但是由于在当时的情绪支配下，因为疏忽大意而没有预见到，这符合过失致人死亡在主观方面的认识因素的要求。

客观要件上，杜某的过错直接导致了陈某的跳车行为，造成陈某跳车后受伤经医治无效死亡的严重后果。陈某的“过于自信的过失”与杜某跳车死亡的结果之间存在因果关系。

综上所述，杜某的行为构成过失致人死亡罪。

［立法动态］

中华人民共和国预防未成年人犯罪法
（修订草案）

目　录

第一章　总　　则

第一条　为了保障未成年人身心健康，培养未成年人良好品行，有效地预防未成年人犯罪，制定本法。

第二条　预防未成年人犯罪，立足于教育和保护，从小抓起，对未成年人的不良行为和违法犯罪行为及时进行预防、干预和矫治。

第三条　预防未成年人犯罪，在各级人民政府组织领导下，实行综合治理。

政府有关部门、司法机关、人民团体、有关社会组织、学校、家庭、居民委员会、村民委员会等各方面共同参与，各负其责，相互配合，共同做好预防未成年人犯罪工作，为未成年人身心健康发展创造良好的社会环境。

第四条 各级人民政府在预防未成年人犯罪方面的职责是：

（一）制定预防未成年人犯罪工作的规划；

（二）组织、协调公安、教育、民政、文化旅游、市场监督管理、网信、卫生健康、新闻出版、广播电视、司法行政等有关主管部门和其他社会组织进行预防未成年人犯罪工作；

（三）为预防未成年人犯罪工作提供政策支持和经费保障；

（四）对本法实施的情况和工作规划的执行情况进行检查；

（五）总结、推广预防未成年人犯罪工作的经验，树立、表彰先进典型。

（六）法律法规规定的其他预防未成年人犯罪工作。

第五条 公安机关、人民法院、人民检察院、司法行政部门应当由经过专业培训、熟悉未成年人身心特点的专门人员或者专门机构负责预防未成年人犯罪工作。

第六条 共产主义青年团、妇女联合会、工会、残疾人联合会、关心下一代工作委员会、青年联合会、学生联合会、少年先锋队以及其他有关社会团体，协助各级人民政府、人民法院和人民检察院做好预防未成年人犯罪工作，为预防未成年人犯罪提供和培育社会支持服务。

第七条 国家培育和发展相关社会组织、社会工作服务机构，鼓励、引导它们参与预防未成年人犯罪的相关工作，依法给予政策支持，并加强管理。

第八条 预防未成年人犯罪，应当结合未成年人不同年龄的生理、心理特点，加强青春期教育、心理关爱、心理矫治和预防犯罪对策的研究。

第九条 国家鼓励和支持预防未成年人犯罪相关学科建设、专业设置、人才培养及科学研究，开展国际交流与合作。

第二章 一般预防

第十条 对未成年人应当加强理想、道德、法治和爱国主义、集体主义、中国特色社会主义教育。对于达到义务教育年龄的未成年人，在进行上述教育的同时，应当进行预防犯罪的教育。

预防未成年人犯罪教育的目的，是增强未成年人的法治观念，使未成年人懂得违法和犯罪行为对个人、家庭、社会造成的危害以及应当承担的法律责任，树立遵纪守法和防范违法犯罪的意识，增强自我管控能力。

第十一条 未成年人的父母或者其他监护人对未成年人的预防犯罪教育负有直接责任，发现未成年人有心理或者行为异常的，应当进行教育、引导、劝诫，帮助其改正，不得放任不管、放弃监护职责。

第十二条 教育行政部门、学校应当将预防犯罪作为法治教育的内容纳入学校教学计划，结合常见多发的未成年人犯罪行为，对不同年龄的未成年人进行有针对性的预防犯罪教育。

学校应当结合实际举办以预防未成年人犯罪为主要内容的活动。

第十三条 学校应当聘任从事法治教育的专职或者兼职教师。学校根据条件可以聘请校外法治辅导员。

第十四条 学校应当配备专职或者兼职的心理健康教育教师，开展心理健康教育，建立心理健康筛查和早期干预机制，预防和解决学生心理行为问题。

学校发现有严重心理障碍或者心理疾病的未成年学生，应当立即通知其父母或者其他监护人，并及时转介至相关心理诊治部门。

第十五条 学校应当严格日常安全管理，建立学生欺凌防控制度，及时排查可能导致学生欺凌事件发生的各种隐患。

学生欺凌事件的处置以学校为主。对于情节比较恶劣、对被欺凌学生身体和心理造成明显伤害的严重欺凌行为，学校应当请公安机关参与处理。

第十六条 教育行政部门根据需要可以以购买服务等方式招聘专职或者兼职的社会工作者，学校根据需要可以聘请社会工作者，长期或者定期进驻学校，协助开展德育教育、法治教育和心理健康教育，参与处理学生欺凌事件和其他不良行为，为有需求的学生提供服务。

第十七条 教育行政部门、学校应当举办各种形式的讲座、座谈、培训等活动，针对未成年人不同时期的生理、心理特点，介绍有效的教育方法，指导教师、未成年人的父母或者其他监护人有效预防未成年人犯罪。

学校在对学生进行预防犯罪教育时，应当将教育计划告知未成年人的父母或者其他监护人，未成年人的父母或者其他监护人应当结合学校的计划，针对具体情况进行教育。

第十八条　教育行政部门应当将预防未成年人犯罪教育的工作效果作为考核学校工作的一项重要内容。

第十九条　各级人民政府及其有关部门、人民法院、人民检察院、共产主义青年团、少年先锋队、妇女联合会、关心下一代工作委员会等应当结合实际，组织、举办多种形式的预防未成年人犯罪的法治宣传活动。

第二十条　居民委员会、村民委员会应当积极开展有针对性的预防未成年人犯罪的法治宣传活动，协助公安机关做好维护中小学校周围治安的工作，掌握本辖区内有严重不良行为未成年人的情况及暂住人口中未成年人的就学、就业情况，积极培育社区社会组织，为预防未成年人犯罪提供专业化服务。

第二十一条　少年宫、青少年活动中心等校外活动场所应当把预防未成年人犯罪的教育作为一项重要的工作内容，开展多种形式的宣传教育活动。

第二十二条　对于已满十六周岁准备就业的未成年人，职业教育培训机构、用人单位应当将法律知识和预防犯罪教育纳入职业培训的内容。

第二十三条　未成年人应当遵守法律、法规及社会公共道德规范，树立自尊、自律、自强意识，增强辨别是非和自我保护的能力，自觉抵制各种不良行为以及违法犯罪行为的引诱和侵害。

第三章　对不良行为的干预

第二十四条　本法所称“不良行为”，是指下列不利于未成年人身心健康成长，不予干预会日益严重的行为：

（一）吸烟、饮酒；

（二）多次旷课、逃学；

（三）无故夜不归宿、离家出走；

（四）沉迷网络以致于影响正常学习和生活；

（五）与社会上具有不良习性的人交往，组织或者参加实施不良行为的团伙；

（六）进入法律、法规规定未成年人不宜进入的场所；

（七）参与赌博或者变相赌博，或者参加封建迷信等不良活动；

（八）观看、收听含有色情、淫秽、暴力、恐怖、极端等内容的读物、音像制品或者网络信息；

（九）其他有害于未成年人身心健康成长的行为。

第二十五条 未成年人的父母或者其他监护人应当及时发现、制止未成年人的不良行为，加强管教。

第二十六条 学校对有不良行为的未成年人应当加强教育、管理，不得歧视。

对情节严重或者拒不改正的，学校可以根据情况予以纪律处分，同时采取以下一种或者几种管教措施：

（一）由法治教师或者法治辅导员予以训导；

（二）要求其遵守特定的行为规范；

（三）要求其参加特定的专题教育；

（四）由社会工作者或者其他专业人员进行帮教。

第二十七条 中小学生旷课、逃学的，学校应当及时与其父母或者其他监护人取得联系，了解有关情况。

第二十八条 未成年人无故夜不归宿的，其父母或者其他监护人、其所在的寄宿制学校应当及时查找，或者向公安机关请求帮助。

收留夜不归宿未成年人的，应当征得其父母或者其他监护人的同意，或者在二十四小时内及时通知其父母或者其他监护人、所在学校或者及时向公安机关报告。

第二十九条 未成年人离家出走的，其父母或者其他监护人应当及时查找，或者向公安机关请求帮助。

第三十条 对旷课、夜不归宿、离家出走或者流落街头的未成年人，公安机关、公共场所管理机构等发现或者接到举报后，应当采取有效保护措施，并及时通知其父母或者其他监护人、学校领回，必要时应当护送其返回住所。无法与其父母或者其他监护人取得联系的，公安机关、公共场所管理机构等应当将其护送到未成年人救助保护机构加以救助保护。

第三十一条 未成年人的父母或者其他监护人和学校发现未成年人组织或

者参加实施不良行为团伙的，应当及时予以制止。发现该团伙有违法犯罪行为的，应当向公安机关报告。

第三十二条 任何人不得教唆、胁迫、引诱未成年人实施不良行为，或者为未成年人实施不良行为提供条件。

未成年人的父母或者其他监护人和学校发现有人教唆、胁迫、引诱未成年人实施不良行为的，应当向公安机关报告。公安机关接到报告后，应当及时依法查处，对未成年人人身安全受到威胁的，应当及时采取有效措施，保护其人身安全。

第三十三条 公安派出所、居民委员会、村民委员会对于辖区内未成年人实施不良行为的，应当采取家访、书面告知、由社会工作服务机构辅导等方式，督促其父母或者其他监护人正确履行监护职责，有效制止不良行为。

第四章 对严重不良行为的矫治

第三十四条 本法所称“严重不良行为”，是指下列严重危害社会的违法行为：

（一）结伙斗殴，追逐、拦截他人，强拿硬要或者任意损毁、占用公私财物等行为；

（二）非法携带枪支、弹药或者弩、匕首等国家规定的管制器具；

（三）辱骂、殴打他人，或者故意伤害他人身体；

（四）盗窃、哄抢、抢夺或者故意损毁公私财物；

（五）传播淫秽的读物、音像制品或者信息等；

（六）卖淫、嫖娼，或者进行淫秽表演；

（七）吸食、注射毒品，或者向他人提供毒品；

（八）参与赌博赌资较大；

（九）其他严重危害社会的行为。

第三十五条 未成年人有严重不良行为的，公安机关应当及时制止、处理，责令其父母或者其他监护人和学校相互配合，采取措施严加管教。

对有严重不良行为依法不予处罚的未成年人，公安机关可以同时采取以下一项或者几项教育矫治措施：

（一）予以训诫；

（二）责令赔礼道歉、赔偿损失；

（三）责令具结悔过；

（四）责令特定期限内定期报告思想状况和活动情况；

（五）责令遵守特定的行为规范，不得实施特定行为、与特定人员交往或者出入特定场所；

（六）责令接受心理辅导、矫治或者其他治疗；

（七）责令接受未成年人社会工作服务机构的观护帮教；

（八）责令遵守其他促进未成年人遵纪守法的要求。

公安机关作出前款规定的教育矫治决定，应当以实现教育矫治目的为必要，与未成年人严重不良行为的事实、性质、情节、危害程度以及人身危险性相当。

第三十六条 对于未成年学生打架斗殴、辱骂他人、强行向他人索要或者偷窃少量财物等行为，情节轻微的，公安机关可以交由学校依照本法第三章的规定作为不良行为处理。

第三十七条 对严重不良行为情节恶劣或者拒不配合、接受本法第三十五条规定的教育矫治措施的未成年人，可以送专门学校进行矫治和接受教育。

专门学校可以对有严重不良行为的未成年人采取必要的约束措施，有针对性地开展教育矫治。

第三十八条 对需要送专门学校进行教育矫治的未成年人，公安机关可以向教育行政部门提出建议；父母或者其他监护人或者其所在学校可以向教育行政部门提出申请。

教育行政部门根据建议或者申请，组织教育学专家、心理学专家、未成年人社会工作者等专业人员进行评估，依据评估结果作出决定。

父母或者其他监护人对决定不服的，可以依法提起行政复议或者行政诉讼。

第三十九条 专门学校应当每个学期对就读学生的教育矫治情况进行评估。对经评估适合转回普通学校就读的，专门学校应当向原决定机关提出转回普通学校就读的书面建议。原决定机关在听取未成年学生本人、其父母或者其他监护人、原所在学校的意见后，作出是否转回普通学校就读的决定。

决定转回普通学校就读的，其原所在学校不得拒绝接收；有特殊情况，不适宜转回原所在学校继续学习的，由教育行政部门安排转学。

第五章　对重新犯罪的预防

第四十条　公安司法机关办理未成年人犯罪案件，应当根据未成年人的生理、心理特点和犯罪的情况，有针对性地进行法治教育。

人民法院审理未成年人犯罪案件应当遵循寓教于审的原则；判决未成年被告人有罪的，宣判后，合议庭及到庭的检察人员、诉讼参与人，应当共同对未成年被告人进行教育。

人民检察院对于未成年犯罪嫌疑人决定不起诉的，应当对被不起诉的未成年人开展必要的教育。

未成年人的法定代理人以外的成年近亲属或者教师等参与有利于教育、感化未成年人的，人民法院、人民检察院可以邀请其参加教育。

第四十一条　未成年犯在被执行刑罚期间，执行机关应当加强对未成年犯的法治教育，对未成年犯进行职业技术教育。对没有完成义务教育的未成年犯，由专门学校负责选派教师承担义务教育工作，保证其继续接受义务教育。

第四十二条　未成年人接受社区矫正期满前，社区矫正机构应当对其安置帮教提出建议；社区矫正期满的，社区矫正机构应当告知其安置帮教有关规定，与安置帮教工作部门妥善交接，帮助落实或者解决就学、就业等问题。

第四十三条　对刑满释放的未成年人，未成年犯管教所应当提前通知其父母或者其他监护人按时接回，协助落实安置帮教措施。没有父母或者其他监护人、无法查明其父母或者其他监护人的，原执行机关应当提前通知未成年人户籍所在地的司法行政部门组织相关人员按时将其接回，户籍所在地人民政府的民政部门应当对未成年人进行妥善安置，协助相关部门落实帮教措施。

第四十四条　未成年人的父母或者其他监护人和学校、居民委员会、村民委员会对社区矫正、服刑期满的未成年人，应当采取有效的帮教措施，协助司法机关做好安置帮教工作。

居民委员会、村民委员会可以聘请思想品德优秀，作风正派，热心未成年人教育工作的离退休人员、志愿者或其他人员协助做好前款规定的安置帮教工作。

第四十五条 社区矫正、服刑期满的未成年人，在复学、升学、就业等方面与其他未成年人享有同等权利，任何单位和个人不得歧视。

第六章 法律责任

第四十六条 公安机关、人民检察院、人民法院在执法办案中发现未成年人的父母或者其他监护人不履行监护职责，放任未成年人有本法规定的不良行为、违法犯罪行为的，可以予以训诫，责令其缴纳保证金并接受家庭教育指导；对于拒不接受家庭教育指导的，没收保证金，由公安机关予以治安处罚，并由有关部门依法纳入社会征信系统予以记录；对不依法履行监护职责，造成严重后果的，可依照未成年人保护法相关规定中止或者撤销其监护资格；构成犯罪的，依法追究刑事责任。

第四十七条 学校违反本法的规定，不履行预防未成年人犯罪工作职责的，由教育行政部门责令限期改正，通报批评；情节严重的，同时对直接负责的主管人员和其他直接责任人员依法给予处分；造成严重后果、构成犯罪的，依法追究刑事责任。

对于教唆、胁迫、引诱未成年人实施不良行为或者品行不良，影响恶劣，不适宜在学校工作的教职员工，教育行政部门、学校应当予以解聘或者辞退；构成犯罪的，依法追究刑事责任。

第四十八条 执行教育矫治的机构虐待、歧视未成年人的，未成年人本人及其父母或者其他监护人可以提出控告或者向公安机关报案。构成违反治安管理行为的，由公安机关依法予以治安处罚；构成犯罪的，依法追究刑事责任。

第四十九条 违反本法规定，在复学、升学、就业等方面歧视或变相歧视有不良行为、违法犯罪行为未成年人的，由主管部门责令改正；构成违反治安管理行为的，由公安机关予以治安处罚。

第五十条 教唆、胁迫、引诱未成年人实施本法规定的不良行为、违法犯罪行为，或者为未成年人实施不良行为、违法犯罪行为提供条件，构成违反治安管理行为的，由公安机关依法予以治安处罚；构成犯罪的，依法追究刑事责任。

第五十一条 国家机关及其工作人员在预防未成年人犯罪工作中不履行法定职责，或者滥用职权、玩忽职守、徇私舞弊的，对直接负责的主管人员和其他直接责任人员，依法给予处分；构成犯罪的，依法追究刑事责任。

第七章 附 则

第五十二条 本法自 年 月 日起施行。

《刑事法律文件解读》2019 年总目录

特载

司法解释、司法指导性文件与解读

部门规章、规章性文件与解读

地方政府规章

地方司法业务文件

司法实务问题研究

新类型疑难案例选评

立法动态

参考文件

规章草案

《关于办理非法集资刑事案件若干问题的意见》专辑

《司法救助专辑》

【司法指导性文件】

《“扫黑除恶”专辑》

【法律及法律解释】

【司法解释、司法指导性文件】

《关于办理非法集资刑事案件若干问题的意见》专辑二

《“扫黑除恶”专辑二》

【法律政策文件】

【地方法院扫黑除恶典型案例】

【地方司法业务文件】

《最新法律文件解读》丛书
稿　约

《最新法律文件解读》是一套以为最新法律规范提供同步"解读"为主的系列丛书，分为刑事、民事、商事、行政与执行4个分册，按月出版。

本丛书以"解读"为重点，突出全、专、新、快、准等特点，通过对最新出台的法律、法规、司法解释、部门规章以及重要地方性法规进行同步动态解读，弥补了法律、法规、司法解释汇编类出版物没有同步阐释、解读内容的不足，为广大读者学习理解最新法律规范，正确贯彻执行法律文件，及时解决实践中的新情况、新问题，提供一个全方位、多层面的法律信息平台。

欢迎您向以下栏目赐稿：

【最新法律文件解读】主要是对最新颁行的法律文件进行解读，帮助司法和执法人员正确理解法律文件的立法背景、意义、重点内容、在适用中应注意的问题、与相关法律文件的衔接与互动关系等等。

【司法实务问题研究】主要刊登对司法理论、实务及司法管理工作中的热点、疑难问题进行研究及评论的文章。

【新类型疑难案例选评】主要是对司法和行政执法实践中具有典型性和代表性的疑难案例，结合具体案情以及审理或处理结果进行简练精辟的点评，解析认识问题的方法、处理问题的法律依据和在个案中的具体适用。

【法学前沿与新视点】以摘要的形式刊登相关法学理论研究的最新动态及具有代表性和典型性的前沿问题，扩展法学研究的深度和广度。

【法律适用问题解答】主要针对司法和行政执法实践中面临的新问题、热点问题、疑难问题进行简要的解答，指出涉及的法律关系，明确法律适用依据。

稿件一经刊用，即付稿酬，稿酬从优。

《刑事法律文件解读》　姜　峤　邮箱：bj85250573@126.com

《民事法律文件解读》　丁丽娜　邮箱：dlnlaw@163.com

《商事法律文件解读》　路建华　邮箱：shangshijiedu@126.com

《行政与执行法律文件解读》　张　奎　邮箱：271717306@qq.com

人民法院出版社

《最新法律文件解读》丛书编辑部